Auguste RIGAUD
de
Montpellier

— M. Alexandre-Duvoisin Calas, petit-fils par sa mère de l'infortuné Calas, est mort subitement à Chartres, le 20 de ce mois. Il était arrivé dans cette ville le 17, pour faire représenter une pièce de sa composition, intitulée *la Veuve Calas chez Voltaire* ou *un Déjeûner à Ferney en 1765*. Il avait même joué le principal rôle de cette pièce, qui a été froidement accueillie par le public. Le chagrin qu'il en a ressenti, plus encore que l'affection asthmatique dont il était tourmenté, paraît avoir hâté sa mort.

... ... medecin; et à la mesme heure luy fut ba[illé] un clistère, et fistes ouvrir les fenestres et bailler air; incontinent quelque peu de parole luy revint, et du sens puis monta à cheval, et retourna aux Forges. Car ce mal luy prit en une petite paroisse, à un quart de lieue de là, où il estoit allé ouïr la messe. Le dit seigneur fut bien pensé et faisoit des signes de ce qu'il vouloit dire. Entre les autres choses demanda l'official de Tours pour se confesser et fit signe qu'on me mandât : car j'estois allé à Argenton, qui est à quelques dix lieues de là

air
u sens
ce mal
de la
pensé
les au-
fesser
enton

905

MEMOIRE

POUR DONAT, PIERRE &
LOUIS CALAS.

Fautes principales à corriger.

Page 2, *ligne* 21, ils délivrèrent, *lisez* ils délivrent.

Page 8, *ligne* 32, leurs fils Pierre, *lisez* leur fils Pierre.

Page 10, *ligne* 2, dès que les douleurs eurent permis, *lisez* dès que la douleur eut permis.

Page 13, *ligne* 33, *après* insensée *mettez* deux points.

Page 14, *ligne* 17, les forfaits chimériques, *lisez* le forfait chimérique.

Page 17, *ligne* 14, sans être vûs, *lisez* sans s'être vûs.

Page 18, *ligne* 12, qui étoit née, *lisez* qui n'étoit née.

Page 33, *ligne* 28, un Service non moins scandaleux, *lisez* un Service d'un éclat non moins scandaleux.

Page 39, *ligne avant derniere* es uns *lis.* les uns.

Page 44, *ligne avant derniere* des mœurs purs, *lisez* des mœurs pures.

Page 51, *ligne* 26, assemblées de Desert, *lisez* assemblées du Desert.

Page 57, *ligne* 11, le fanatisme rend tout incroyable, *lisez* le fanatisme rend tout croyable.

MEMOIRE

POUR Donat, Pierre & Louis Calas.

UN fils, accablé du poids de la vie, s'est tué lui-même dans la maison paternelle. Les cris de desespoir que le pere a poussés à la vûe du corps de son fils, ont été pris pour des cris de résistance & de combat, que ce fils opposoit à la barbarie de son pere : & l'on a vû le plus tendre des peres expirer comme parricide sur la roue.

Au récit de cette incroyable événement, le premier mouvement des lecteurs sera de le renvoyer dans la classe de ces fictions sinistres, faites pour semer sur un théâtre & l'épouvante & la pitié. Plût à Dieu que leur incrédulité fût fondée, & que ce siecle eût plus à douter qu'à rougir de cette affreuse histoire ! Mais vingt mille spectateurs en ont frémi. C'est au milieu de ses concitoyens que Calas a été conduit à la mort ; qu'il a pris l'Etre suprême à témoin de son innocence, & qu'il est mort en conjurant le Ciel de pardonner son supplice à ses Juges. Ce sublime spectacle commença de dissiper les nuages que le faux zele avoit répandus sur Toulouse. La haine de la religion que professoient les Calas, venoit de faire immoler le chef de cette famille protestante. D'autres victimes attendoient dans leurs cachots la même destinée : c'étoit sa femme, un de ses fils, & un ami que la fureur publique avoit enveloppé dans l'accusation du même meurtre. Frappés de l'héroïsme que Calas pere avoit fait paroître en mourant, les Magistrats voulurent interroger encore ces prétendus complices. Ceux-ci soutinrent qu'ils n'étoient point les assassins d'un ami, d'un frere, & d'un fils. Ils protestèrent avec serment que Calas pere étoit mort innocent comme eux ; que ce vieillard étoit resté près d'eux sans les quitter un seul instant, tandis que, se dérobant à tous les yeux, Marc-Antoine attentoit à ses jours. Le voile alors tombe des yeux des Juges. Ils revoyent les informations & les charges ; ils n'y rencontrent nulles traces de ce projet d'abjuration, qu'une multitude effrénée avoit prêté au suicide pour imputer sa mort à ses proches ; & ils délivrerent de leurs fers des accusés dont l'innocence étoit indivisible, d'avec l'innocence du vieillard qui venoit d'expirer dans les tourmens.

Ainsi l'erreur s'est assise parmi les Juges. Ainsi le fanatisme d'un peuple aveugle a fasciné les yeux des sages. Quel est donc aujourd'hui mon dessein ? Est-ce de verser des pleurs stériles sur l'échaffaud où cet homme juste a perdu la vie ? Qu'a-t-il besoin de nos soupirs & de nos plaintes ? La pureté de sa conduite n'est-elle pas connue du Juge infaillible des Cieux ? Mais il a laissé sur la terre des enfans, que la publicité de son supplice a plongés dans l'opprobre ; & c'est à eux que je dois tout mon zele. Il est juste que l'innocence & l'intégrité de leur pere, manifestées aux yeux de tous, les affranchissent de la flétrissure que nos mœurs impriment, trop aisément peut-être, sur la postérité des coupables.

À l'intérêt de cette malheureuse famille, se joignent des vûes d'un ordre supérieur. Cette cause, j'ose le dire, est celle de l'humanité toute entiere ; c'est sur-tout celle de cette portion de nos compatriotes, que l'erreur de leurs opinions rend à plaindre, sans leur ôter le droit d'être jugés avec justice. L'honnêteté publique, l'équité, la loi, la nature, tous les grands liens qui affermissent la société des hommes ont été ébranlés par la sanglante condamnation que des préjugés ont dictée. Mon ministere est donc d'exposer enfin au grand jour la vérité que les Tribunaux de Toulouse, qui la cherchoient sans doute, ont eu le malheur de méconnoître. Et l'Arrêt solemnel que notre auguste Prince daignera rendre pour délivrer la mémoire & les fils de Calas de l'ignominie qui les couvre, rassurera un grand nombre de ses fideles sujets, dissipera les allarmes de tous les peres, & satisfera l'univers dont cette affaire a fixé les regards.

Des défenseurs qui ont plus de lumieres, & non plus de zele que moi, guident la veuve aux pieds du Trône où le meilleur des Rois est assis. Ce sont les fils qui réclament mes soins.

Daigne la vérité, dont j'entreprends de venger les droits, ne m'inspirer que des pensées qui soient dignes de la cause des hommes.

Et vous, tristes enfans, qui me confiez des intérêts si chers, souffrez que mes premieres douleurs soient pour les Juges qui ont condamné votre pere. Si ce n'étoit point une sorte de blasphême que de dire qu'il est des maux pires que les

A ij

vôtres, j'oferois dire que ce font les leurs : car puifqu'ils ont eux-mêmes démenti leur premier Arrêt par un Arrêt contradictoire & inconciliable, c'eft que leurs yeux fe font enfin ouverts. Et de quel coup ils ont dû être frappés à ce réveil ! Combien ils fouffrent fi leurs regrets font auffi vifs que leurs volontés étoient pures ? C'eft donc avec refpect pour les fentimens de leurs cœurs, que je concours à réparer une partie des maux que leur illufion involontaire a caufés. Heureux fi la force de mes difcours peut égaler l'ardeur des vœux que fûrement ils forment tous pour un fuccès dont ils jouiront eux-mêmes !

FAIT.

Jean Calas étoit un Négociant établi depuis quarante ans à Touloufe. Sa probité, la douceur de fon caractere, & la fimplicité de fes mœurs, lui avoient concilié l'eftime de fa ville. Il avoit époufé une femme alliée à la plus haute nobleffe du Languedoc, mais moins recommandable par fes alliances, que par fes vertus. Il eft vrai que *l'efprit qui fouffle où il veut*, n'avoit point répandu fes dons fur ces époux, qui nés tous deux dans le fein du Proteftantifme, fuivoient avec confiance la religion de leurs ancêtres. Or nos Provinces méridionales, dont le climat rend les affections fi vives, ne fe bornent point à plaindre, mais haïffent nos freres féparés. Touloufe fignale fur-tout fa haine par une fête qu'elle célebre tous les ans avec pompe en mémoire d'un fameux maffacre de Huguenots, exécuté dans cette ville il y a deux fiecles.

Mais fi Calas avoit, aux yeux des Catholiques

du pays, le tort de suivre la prétendue Réforme, ils sçavoient que cet homme de bien, loin d'avoir la moindre inimitié contre nos dogmes, gardoit depuis trente ans à son service une vieille fille Catholique qui étoit d'une piété parfaite : qu'elle approchoit des Sacremens toutes les semaines : que c'étoit-là la gouvernante qui avoit élevé ses enfans.

Il en avoit six : Marc-Antoine, Jean-Pierre, Louis, Louis-Donat, & deux filles. Louis Calas s'étoit fait Catholique depuis cinq ans. La pieuse & zélée domestique avoit été l'un des principaux instrumens de sa conversion. Jean Calas l'avoit sçu, n'en avoit fait à sa servante aucun reproche, la conservoit chez lui, la traitoit avec les mêmes bontés qu'auparavant ; & dans un entretien qu'il eut avec M. de la Motte, Conseiller au Parlement, sur l'abjuration de son fils : *pourvu, Monsieur,* lui dit-il, *que son changement soit sincere, je ne puis le desapprouver, parce que gêner les consciences ne sert qu'à faire des hypocrites.* C'est ainsi que sans combattre les desseins de la Divinité, qui distribue comme il lui plaît sur les consciences sa lumiere & ses graces, les judicieux Calas avoient mis leurs principaux soins à faire germer dans l'ame de leurs enfans le goût de la saine morale, des sentimens honnêtes, & des vertus sociales.

Marc-Antoine, l'aîné de tous ses freres, fut le seul qui ne profita point d'une éducation aussi sage. C'étoit un caractere altier & impétueux. La nature lui avoit donné des talens : présent funeste, quand des obstacles en arrêtent l'emploi. Sensible aux charmes de l'Eloquence, fait lui-même pour réussir dans la carriere du Barreau, ses inclinations l'y portoient ; les circonstances l'en écarterent.

A. ij

Il eût fallu se procurer par un parjure le certificat d'une croyance que son cœur desavouoit. Ces viles fraudes ne lui convenoient point. Il n'étoit cependant pas propre au Négoce. Sa tête inquiete & bouillante lui eût rendu ce parti aussi dangereux que pénible. Ainsi privé de toutes ressources, obligé de réprimer ses goûts, & réduit à traîner sans état, sans fortune, une vie humiliante, il s'affligeoit de son obscurité. Le fardeau de l'oisiveté accabloit son ame active & ambitieuse. Cette ardente imagination n'ayant point où se prendre, retomba bien-tôt sur elle même ; & des talens, faute d'essor, devinrent des passions.

L'exercice des armes, l'agitation de la paulme, l'intérêt & les querelles du jeu, l'effet des symphonies bruyantes, l'éclat & la chaleur des discours publics, tout ce qui fait mouvement ou spectacle, entraînoit Marc-Antoine. La vigueur d'un tempérament très-robuste ajoutoit encore à cette violence de tête ; & il couroit avec la même avidité dans nos Eglises, dans les jeux de billard & aux assemblées du Desert.

Mais ce tumulte ne lui suffisoit pas ; ce génie vif & fier vouloit agir, avoit besoin d'un rôle ; & préférant les dangers au loisir, il disoit un mois avant sa mort à son ami Challier, « qu'il étoit « résolu d'aller à Genève, qu'il s'y feroit recevoir Ministre, & reviendroit prêcher les Religionnaires du Royaume ». « Mon cher, lui répond son ami, c'est un mauvais métier que celui qui mene à la potence ». « Hé bien, réplique Marc-Antoine, je pense donc à une autre chose que j'exécuterai ».

De ce moment il se livra aux rêveries les plus profondes. Entouré sans cesse d'idées noires &

conformes à ses tristes projets, Seneque, Montagne, Skaſcpear, ce sont les livres dont il repaiſſoit ses ennuis. Il cherchoit dans leurs fausses maximes le courage & le droit d'abréger ses peines. Il déclamoit avec un plaisir sombre ce célebre monologue d'Hamelet : *mourir..... dormir..... voilà tout*. C'est à l'école de pareils maîtres qu'il essayoit ses forces : voilà par quels degrés l'attrabilaire Marc-Antoine s'excitoit & parvint à la catastrophe tragique qui a plongé son irréprochable famille dans un affreux desastre.

Ce fut le 13 Octobre 1761 qu'il exécuta son dessein. Il avoit dans le cours de cette fatale journée invité lui-même à souper un de ses amis nommé Lavaysse. Comme ce jeune homme est impliqué dans l'événement qui va suivre, il est encore indispensable de le faire connoître.

Il est fils d'un ancien Avocat de Toulouse, qui jouit à juste titre de la plus haute réputation. Son érudition, ses talens & ses sentimens le font estimer & chérir de ses Confréres, des Magistrats & du Public. Mais avant que de passer au bien que je vais dire du fils, j'ai une inquiétude, & je crains qu'à louer ainsi, l'on ne m'impute d'ajuster mes éloges à la Cause. A cela je n'ai qu'une réponse ; c'est de souhaiter que chacun pût voir ce jeune homme, au front duquel il semble que la vertu se soit plû d'imprimer ses plus aimables caracteres. Il joint la plus belle ame à la plus noble physionomie. Il a 20 ans ; & dès qu'on apprit son malheur, les différens maîtres qui avoient veillé sur lui depuis son enfance jusqu'à cet âge, s'empresserent de lui prodiguer les plus fortes attestations d'application & de succès dans ses travaux, de sagesse & d'honnêteté dans ses mœurs.

Pour expliquer en peu de mots quelle fatalité l'associa à l'infortune des Calas, il faut dire que son pere, qui l'avoit mis chez un Négociant de Bordeaux, venoit de le rappeller auprès de lui; que ce jeune homme arrivant à Touloufe, apprit que son pere étoit à Caraman, sa campagne; qu'il visita en passant Marc-Antoine; que celui-ci voulut le retenir à souper; que Jean Calas joignit ses instances à celles de son fils. Il n'étoit que cinq heures. Le jeune Lavaysse promit de revenir, puis alla chercher dans la Ville un cheval, pour se rendre le lendemain à la campagne de son pere, & il revint vers les sept heures chez les Calas. Il monta dans l'appartement de la dame Calas; elle y étoit avec son mari & son fils Marc-Antoine.

Celui-ci vit entrer son ami sans se lever, sans dire un mot, étendu dans un fauteuil, la tête appuyée sur sa main, l'œil égaré, le visage pâle & absorbé dans ses pensées. Mais comme il étoit taciturne depuis du tems, ses parens ne remarquoient plus son air sombre. Peu de tems après on passa dans une piece voisine où le souper étoit servi. Calas pere, la dame Calas, les deux freres Marc-Antoine & Pierre, & le jeune Lavaysse se mirent à table : il n'y avoit d'étranger que Lavaysse. Marc-Antoine mangea peu, se leva de table avant les autres, passa dans la cuisine. *Avez-vous froid, Monsieur l'aîné*, lui dit la Domestique? *Au contraire*, répondit-il, *je brûle*, & aussi-tôt il disparut.

Le soupé fini, l'on rentra dans la chambre de la dame Calas, elle, son mari, leurs fils Pierre & Lavaysse. Peu inquiets de l'absence de Marc-Antoine, qu'on croyoit, selon sa coutume, au Billard, ils se remirent à converser dans la plus grande sécurité, & ne se quitterent qu'au moment où Lavaysse se retira. Pierre Calas prit alors un flambeau, & le suivit pour l'éclairer. Mais descendus dans l'allée qui conduit à la rue, ils trouvent la porte de la boutique ouverte. Ils entrent pour en chercher la cause. Quel saisissement ! quel spectacle ! ils voyent le corps de Marc-Antoine suspendu entre les deux battans de la porte qui communique de la boutique au magasin.

Glacés d'effroi, ils jettent tous deux ces cris perçans que la douleur arrache à l'ame épouvantée. A leurs cris Calas se hâte de descendre. Que voit-il ? N'essayons point de rendre la révolution qu'il éprouve ; il mêle ses cris aux leurs. Sa femme, qui l'entend, veut le suivre ; Lavaysse s'élance au-devant d'elle, l'arrête & la fait remonter. Pendant qu'il la retient, Calas & son fils Pierre dépendent le cadavre, lui ôtent la corde & l'étendent sur le plancher. Lavaysse vole aussitôt chez le Chirurgien Gosse : Pierre en fait autant ; ils l'amenent. A peine la mere de Marc-Antoine est libre, qu'elle accourt toute tremblante. Quel objet pour les yeux d'une mere ! elle voit son fils étendu par terre. Son cœur se brise ; les cris redoublent ; elle se précipite sur son fils, l'arrose de ses larmes, le releve, lui fait prendre des eaux spiritueuses. Mais c'est en vain qu'elle veut douter de son malheur. Gosse examine le corps avec soin, & le trouve assez froid pour juger qu'il est sans vie depuis deux heures.

Les sanglots & les cris des Calas avoient percé les murs. La populace aussitôt s'attroupa. Elle apprit que Marc-Antoine étoit mort. Les mouvemens que Lavaysse & Pierre s'étoient donnés avant que de rencontrer Gosse, en avoient semé le bruit. Mais cette populace ignoroit le genre de sa mort. Car dès que les douleurs eurent permis les réflexions aux Calas, leur premier soin avoit été de convenir entre eux que, pour souftraire la mémoire & le corps de Marc-Antoine à d'infamantes condamnations, ils garderoient un secret inviolable sur la maniere dont il avoit péri.

Son crime n'étoit que trop certain. Le noir chagrin qui l'accabloit avant que de le commettre; la suspension, qui est l'instrument ordinaire des suicides; le silence qui avoit régné dans la maison durant cette funeste opération; la sorte d'impression que la corde avoit laissée sur les chairs; l'habit du mort plié sur le comptoir; son corps qui ne portoit l'empreinte d'aucun coup; son linge qui n'avoit nulle marque de desordre; sa chevelure aussi bien arrangée qu'auparavant; tout démontroit qu'il étoit mort sans résistance, & sans autre assassin que lui-même.

Les Calas avoient donc concerté d'ensevelir cet événement dans une nuit profonde; & quand Calas pere envoya le jeune Lavaysse requérir les Juges de venir constater la mort, & permettre l'inhumation de son fils : « gardez-vous bien, répéta-t-il à ce jeune homme, gardez-vous surtout, pour l'honneur de notre malheureuse famille, de confier à personne que mon fils s'est détruit lui-même ».

Ce furent les Capitouls David & Brive qui se transporterent sur les lieux. Ils furent témoins de la douleur la plus amere & la plus vraie que l'ame humaine puisse sentir. Mais tandis qu'ils attendoient les Chirurgiens mandés pour constater l'état du cadavre, le peuple qui assiégeoit la porte, ce peuple amoureux d'aventures sinistres & extraordinaires, raifonnoit, conjecturoit, s'épuifoit en propos abfurdes; & tout-à-coup une voix s'éleve du milieu de la foule „qui publie « que Marc-» Antoine eft un Martyr; que fon pere l'a tué par-» ce qu'il s'alloit faire Catholique ».

Cette rumeur frappe l'oreille du fieur David; il la faifit avec avidité : elle fait l'impreffion la plus forte fur l'efprit de ce Capitoul, homme naturellement plein de feu. Les fonctions qu'il exerce rendent fouvent néceffaire la chaleur qu'il donne aux affaires. Il eft chargé de la premiere police à Touloufe. Infatiguable dans les détails qu'elle exige, on le voit à toute heure dans les Eglifes, dans les Marchés, dans les Places publiques. Sa vigilance, fa fermeté, un long ufage, & fur-tout fon exceffive vivacité lui ont acquis un nom. Les gens querelleurs & débauchés le craignent : il eft le fléau des méchans, & mérite à ce titre la reconnoiffance & l'eftime de fes concitoyens.

Mais difons-le, ce caractere & ce genre de vie l'habituent à traiter militairement toute affaire. Familiarifé par état avec la méchanceté des hommes, les crimes n'ont plus rien qui l'étonne; & l'incroyable atrocité imputée aux Calas lui parut poffible, vraifemblable : c'eft trop peu dire, il y ajouta foi.

De ce moment il ne fut plus à lui; il ne parloit plus que de vanger les intérêts du ciel; il fe flattoit d'élever bientôt des autels fur les débris des maifons proteftantes. Au trouble qui s'empara de fes fens, il crut fentir cette infpiration qui fait les Apôtres; & ce n'étoit que ce fuperftitieux délire qui pouffe l'homme aux cruautés.

Il ordonna que l'on fe faifit des Calas, du jeune Lavayffe & de la Domeftique. Ce fut en vain que son Collégue, homme plus sage, voulut suspendre une entreprise aussi précipitée. En vain lui représenta-t il que l'affliction profonde dont il les avoit trouvé pénétrés; que leur empressement pour donner du secours à leur fils; que la requisition qu'ils avoient faite eux-mêmes des Officiers de Justice; que la disposition des lieux, ainsi que l'heure du trépas, puisque c'étoit à l'entrée de la nuit & sur la rue la plus fréquentée, que Marc-Antoine étoit mort; mais plus que tout cela, que les titres sacrés de pere, de fils, de mere, repoussoient un soupçon barbare; que parmi ceux-mêmes qui l'avoient répandu, aucun n'osoit s'en avouer l'auteur; qu'un emprisonnement si prompt donneroit du crédit & de la consistance à un propos vaguement hasardé. « Hé bien! n'importe, » reprend avec violence le sieur David, je prends » tout sur mon compte; qu'on les emmene ?

Ce n'est pas tout : la Loi aussi jalouse d'éclairer l'innocence, qu'attentive à poursuivre le crime, lui enjoignoit de constater, *sans déplacer & sur-le-champ*, tout ce qui chargeroit ou justifieroit les Calas. Et aussi sourd aux ordres de la Loi, qu'aux remontrances de son Collégue, ce Capitoul ne daigna constater ni le genre de la mort, ni l'impression de la corde, ni le lieu, ni l'heure du délit, ni l'état du corps, des habits, du linge, des papiers & des livres de Marc-Antoine, ni les discours & la contenance des Calas, ni la situation de leurs vêtemens, de leurs cheveux, de tout leur extérieur, ni celle sur-tout de leur ame. Il falloit lire dans leurs yeux, dans leurs gestes, dans la nature de leurs gémissemens. Couvroient-ils d'un masque de douleur ce trouble que le moment du crime cause aux plus hardis scélerats ? ou succomboient-ils en effet sous le coup qui donné à ſes parens la perte imprévue d'un fils ? Voilà les importans détails qu'il devoit conſigner ſur l'heure par écrit.

S'il eût fait les recherches preſcrites, il auroit vu qu'un jeune homme qui plein de force eût défendu ſa vie, n'avoit ſur lui nulle meurtriſſure qui prouvât un combat. Il eût trouvé le billot & la corde. Le billot eût été replacé ſur les deux battans de la porte. La corde l'eût été ſur les traces imprimées au col du cadavre. Que de lumieres ces épreuves auroient répandues ! au lieu que dès ſon premier pas, il foula aux pieds toutes regles, ne rédigea aucun Procès-verbal, & par-là fit perdre aux Accuſés une défenſe & des preuves qui étoient de droit naturel.

De quel nom appellerons-nous cette conduite ? A la juger ſur ces funeſtes conſéquences, jamais prévarication ne fut plus criante. Mais ſi l'intention fait le crime, épargnons au ſieur David des reproches qu'il ne mérite point. Il s'égara par eſprit d'enthouſiaſme. L'aveuglement & non la volonté lui fit commettre d'irréparables fautes. Il prit pour clameur publique un ſoupçon échappé du milieu d'un vain peuple. Il oublia que la clameur n'exige d'empriſonnement ſubit, que quand des préſomptions violentes & vraiſemblables, l'accompagnent ; comme ſi pluſieurs voix s'uniſſoient pour s'écrier, *j'ai vu le crime & voilà le coupable ; le voyez-vous ? comme il eſt troublé, comme il fuit ;* parce qu'alors de pareils cris équivalent au flagrant délit. Il ne vit pas que la préſomption dûe aux ſentimens de la nature, méritoit bien de l'emporter ſur une conjecture inſenſée & ſans examen, ſans indices, il fit ſaiſir des Citoyens connus, domiciliés, en poſſeſſion de l'eſtime publique, qui, loin de fuir, avoient eux-mêmes requis les Juges ; & pour tout dire en un seul mot, il fit saisir un pere, une mere & un frere; les fit conduire à l'Hôtel-de-Ville par son Escorte, & y fit transporter le cadavre.

Ce qu'avoit prévu le sieur Brive, arriva. La vûe des Prisonniers donna bientôt de l'accroissement & du poids à une accusation qui seroit tombée d'elle-même. On disoit dans Toulouse qu'il falloit que le sieur David eût fait des découvertes bien terribles, pour s'être porté à cette extrémité contre des gens que leur qualité seule mettoit à l'abri des soupçons ; qu'apparemment on les avoit surpris serrant eux-mêmes de leurs propres mains le nœud fatal qui avoit étranglé Marc-Antoine. C'est ainsi que les fautes réelles du Capitoul accréditoient les forfaits chimériques des Calas. C'est ainsi que leur captivité, qui n'auroit dû être que l'effet de la rumeur universelle, en devint elle-même le principe.

Pour eux, uniquement livrés à leur douleur, ils suivoient en pleurant le corps de leur fils, & ne se doutoient gueres de la fermentation que leur marche excitoit dans les esprits. Car ils comptoient qu'on ne les escortoit ainsi, que pour constater par leurs dépositions le suicide de Marc-Antoine. Aussi lorsqu'on leur demanda comment il étoit mort, ils répondirent ce qu'ils étoient convenus entre eux de répondre. Ce déguisement après tout ne leur étoit dicté que par la piété paternelle. Ils dirent donc qu'ils avoient trouvé Marc-Antoine étendu sur le plancher. Tant ils étoient loin de penser qu'en écartant par cette feinte l'idée du suicide, ils alloient faire retomber le soupçon du meurtre sur eux-mêmes ! C'est pourtant ce qu'ils éprouverent. Ils furent auſſitôt décrétés. On les fit deſcendre dans les priſons. On leur apprit que c'étoit à eux qu'on attribuoit la mort de leur fils. Surcroît inattendu d'un malheur qu'ils croyoient au comble ! Ce coup de poignard les renverſe. Déchirés par l'extrême douleur dont la perte d'un fils chéri les pénétroit, & accablés ſous la barbarie d'un decret qui les taxoit de l'avoir fait périr, ils ſe perdoient dans l'excès de leurs maux.

Ce ne fut qu'à l'Hôtel-de-Ville que le ſieur David dreſſa enfin ſon Procès-verbal de deſcente. Il ſentit ſa faute. On aſſure que pour la couvrir par une faute plus grande encore, il le data de la maiſon du mort. Les enfans de Calas firent dreſſer une Requête en inſcription de faux contre la date de ce Procès-verbal. Le Procureur qui la préſenta, fut interdit pour trois mois. Et comment le verbal fut-il rédigé ? de mémoire, après coup, hors la préſence des Parties, loin de l'endroit du crime, ſans nulle inſpection préalable du cadavre, des lieux, des tems, des maintiens, des diſcours, & bien après cet état des premiers momens ſi déciſif & impoſſible à reſaiſir.

Cependant le bruit du parricide voloit de bouche en bouche. On racontoit par-tout que Calas pere avoit exécuté avec ſa femme & le plus jeune de ſes enfans, le complot d'immoler ſon fils Marc-Antoine à ſa haine pour la Religion Catholique. La nouvelle étoit incroyable, étoit abſurde ; mais l'intérêt de la Religion s'y mêloit, & le faux zele fit recevoir avec avidité la plus folle impoſture. Soit ſimplicité, ſoit compaſſion, ſoit piété, ſoit noirceur, tous accueilloient la calomnie, y ajoutoient leurs conjectures, détailloient même les circonſtances.

C'étoit dès demain, difoit l'un, que Marc-Antoine devoit faire fon abjuration. Le Rit proteftant, difoit l'autre, ordonne aux peres dans ces cas-là d'égorger leurs enfans. Vous dites fi vrai, reprenoit un troifieme, qu'ils ont dans leur derniere Affemblée, nommé un bourreau de la fecte. Quant à ceux qui avoient entendu les plaintes que les Calas avoient pouffées à la vûe du corps de leur fils, ils ne manquoient pas d'affirmer que c'étoit les cris du mourant luttant contre les parricides. C'eft ainfi que le fanatifme empoifonnoit tous les cœurs. Ses progrès n'épargnerent perfonne. Les plus fenfés s'en laifferent atteindre; & l'efprit d'imprudence & d'erreur s'étendit fur la Ville entiere.

Elle approchoit de cette fête fi cruellement établie pour folemnifer ce maffacre de Huguenots dont j'ai parlé. Les fureurs de l'enthoufiafme l'avoient fondée, les mêmes fureurs la célébroient. Mais l'année 1762 n'étoit pas un fimple anniverfaire; c'étoit la grande année, l'année centenaire où les pompes redoubloient avec la ferveur. Les retraites, les jeûnes, les irritantes méditations difpofoient les confciences à bien entrer dans l'efprit de la fête. Elles n'efpéroient gagner qu'à force de haine contre les Hérétiques, le jubilé, les indulgences, enfin toutes les graces attachées au jour féculaire. Quel triomphe c'étoit pour le fanatifme de fixer & d'appliquer à des objets réels une averfion que fans cela Touloufe n'auroit que vaguement fentie contre toute la fecte! Déja les imaginations élevoient les gibets, dreffoient les roues, allumoient les buchers où devoient périr les Calas. Le peuple demandoit hautement qu'on lui réfervât les victimes pour le grand jour, afin d'offrir d'offrir solemnellement en haulocoste le sang d'un pere, d'une mere & d'un fils. Le Capitoul s'applaudissoit de ce mouvement populaire, qui sembloit justifier ses démarches; & il ne voyoit pas que c'étoit ses démarches qui seules avoient jetté les premieres étincelles de l'incendie.

Il s'occupa à faire subir aux Accusés un interrogatoire juridique. Lorsqu'il leur eut demandé la vérité sous la foi du serment, & que ceux-ci hors d'état de sauver l'honneur de leur fils, virent qu'ils ne devoient plus songer qu'à sauver leur propre vie, unanimes alors sans concert, ils mirent bas toute dissimulation. Calas & Pierre répondirent séparément, sans être vus, sans avoir pu se voir, qu'ils avoient trouvé Marc-Antoine suspendu à un billot, établi sur les deux battans d'une porte. Ils déclarerent l'heure de sa mort. Ils déclarerent qu'il avoit soupé avec eux. Ils spécifierent les mets qu'il avoit pris.

Lamarque fut chargé d'ouvrir l'estomac du cadavre pour vérifier les alimens. Il est vrai que ce Chirurgien ignorant, ayant étalé d'office sur les regles physiques de la digestion une longue dissertation qui n'étoit point de son ressort, en conclut qu'il y avoit au moment de la mort trois ou quatre heures que Marc-Antoine avoit mangé. Il se trompoit. Il n'y en avoit que deux que les nourritures étoient prises. Quoi qu'il en soit, Lamarque les trouva d'une espece conforme aux déclarations des Calas.

Ensuite le Capitoul se transporta chez eux pour procéder enfin à cette visite des lieux que l'Ordonnance, comme on l'a dit, lui avoit prescrit de faire sur le champ & sans déplacer. Mais il eut beau chercher avec soin dans les livres, les ar-

B

moires & les papiers de Marc-Antoine, quelques indices de l'abjuration dont on lui supposoit le dessein ; il n'y trouva ni crucifix, ni chapelet, ni livres d'heures, ni livres de controverse, ni catéchisme, aucun vestige enfin des instructions & des prieres qu'à la veille de son abjuration tout prosélyte auroit eues infailliblement. Cette observation importante méritoit bien d'être exprimée sur le Procès-verbal. L'Ordonnance criminelle veut absolument qu'on les dresse *à décharge comme à * conviction*. L'exécution de la Loi eût calmé cette chaleur du peuple, qui étoit née & ne s'entretenoit que par la fausse idée de ce projet de conversion prêté au mort.

* Ordon. de 1670. tit. 4. art. 1.

Toutefois une juste espérance soutenoit les Calas. Ils la fondoient sur les deux témoins oculaires qu'ils avoient de leur innocence ; c'étoient le jeune Lavaysse & la servante. Lavaysse, se disoient-ils à eux-mêmes dans leurs cachots, ne nous a point quittés d'un seul instant, & sans doute il le déposera. La fille qui nous servoit à table, nous a toujours ou vûs ou entendus, elle le dira de même ; & du moins les dépositions de ces deux témoins nécessaires ouvriront les yeux à des hommes assez dénaturés pour ne pas trouver en eux-mêmes de quoi confondre la plus révoltante imposture.

Ces Infortunés s'abusoient. Pour leur ravir des témoignages auxquels il auroit fallu se rendre, on feignit de croire que la servante, cette Catholique zélée, qui avoit converti Louis Calas, qui venoit même de communier deux jours avant le suicide de Marc-Antoine, s'étoit associée à un meurtre commis en haine de cette religion qu'elle pratiquoit avec tant d'amour. On feignit de croire que les Calas avoient confié leur projet à un étranger, à un passant, à un ami du mort, à un jeune homme de 19 ans ; & que ce jeune homme oubliant tout-à-coup ces principes héréditaires d'honneur & de vertu qui le rendoient si cher aux gens de bien, étoit entré dans le complot sans balancer, sans intérêt, pour le seul plaisir d'égorger son ami.

Aussi-tôt le jeune Lavaysse & la servante sont mis au nombre des Accusés. Le Chef du * Consistoire les fait emprisonner sans titres, sans preuves, sans soupçons, sans indices. Qui donc les avoit dénoncés ? qui les chargeoit ? qui les nommoit ? pas une voix ne s'élevoit contre eux : ensorte qu'à observer les regles, ils n'avoient d'autre personnage à faire que celui de témoins. Si on leur eût laissé leur vrai rôle, vingt-quatre heures suffisoient pour terminer l'affaire, & venger la nature des délires d'un peuple aveuglé. Mais les Capitouls commencerent par étouffer toute lumiere en chargeant de chaînes les deux seuls êtres de l'univers qui eussent vu par eux-mêmes la vérité. Puis, par une dérision bien étrange, ils firent informer ; c'est-à-dire qu'ils demanderent à être éclairés par un peuple qui outre l'aveuglement que sa passion lui causoit, ne sçavoit rien, ne pouvoit rien sçavoir.

* M. Fager.

Aussi lorsqu'il fut question de déposer, cette ville qui retentissoit de toutes parts des cris de la plus vive indignation contre les Calas, ne trouva pas un seul homme dans son enceinte qui osât parler contr'eux. Car tant qu'animés par le choc de leurs visions mutuelles, les citoyens murmuroient de concert ; l'un s'irritoit sur la foi de l'autre, celui-ci sur la foi d'un troisieme, ainsi de tous ; & dans leur trouble ils prenoient ce bruit

B ij

pour des preuves. Mais lorsqu'avertis d'expofer en leurs propres noms à des Officiers de Juſtice leurs connoiſſances perſonnelles, ils voulurent examiner de plus près ce qu'ils avoient à dire, ils reconnurent leur ignorance; & perſonne ne put tirer de leurs déclamations tumultueuſes la plus légere circonſtance, ni l'ombre même de la préſomption la plus foible. La crainte des peines dûes au parjure ralentit l'agitation publique: de forte que des informations qui d'après l'efferveſcence générale promettoient d'être ſi concluantes, ne fournirent pas même un indice.

Quels reſſorts fit-on jouer pour rendre aux eſprits leur violence, & leur donner l'audace qui leur manquoit? Les propos de la plus obſcure populace, les conjectures des méchans qui ſe plaiſent à croire les grands crimes, ſont ſoigneuſement ramaſſés. On en compoſe un écrit artificieux qu'on livre à la fureur du peuple. On le lui livre avec ordre de dépoſer s'il fçait quelqu'un des faits que ce papier renferme. La fin qu'on s'y propoſe n'eſt pas de découvrir par qui le crime a été commis, s'il l'a été par les parens du mort, ou par des étrangers, ou par Marc-Antoine lui-même. Cette recherche étoit cependant d'étroite néceſſité, puiſqu'elle étoit d'équité naturelle; mais on ne met ſeulement pas en doute que Calas pere, ſa femme & leur fils Pierre ne ſoient les vrais coupables. On préſuppoſe le parricide. Le plus exécrable des trois forfaits eſt adopté de préférence. On le regarde comme avéré, comme conſtant. Si même quelqu'un avoit envie de diſculper les Calas, la tournure de cet écrit eſt telle que ce témoin ne ſeroit pas admis. Tous les détails n'y ſont préſentés qu'à leur charge. Par-là tout fait qui ne les chargeroit pas est étranger, & dès-lors écarté de droit. Car ce n'est pas de chercher s'ils sont criminels, mais de prouver qu'ils le sont qu'on s'occupe. Ainsi l'on commence par attester au peuple l'existence d'un crime *qui*, *lui dit-on, est des plus détestables*. On rapporte & l'on fixe toutes ses pensées à ce seul point: on réalise à ses propres yeux ses chimeres: on proscrit d'avance tout témoignage favorable aux Calas: en un mot, l'ordre de déposer n'est donné,

« Qu'à ceux qui sçauront par oui dire ou autre-
» ment, que Marc-Antoine avoit renoncé à la
» Religion prétendue réformée, dans laquelle il
» avoit reçu l'éducation; qu'il assistoit aux céré-
» monies de l'Eglise Catholique, Apostolique, &
» Romaine; qu'il se présentoit au Sacrement de
» Pénitence, & qu'il devoit faire abjuration pu-
» blique après le treize du présent mois d'Octo-
» bre.

» Qu'à ceux qui sçauront par oui dire ou au-
» trement, qu'à cause de ce changement de
» croyance, Marc-Antoine étoit menacé, mal-
» traité, & regardé de mauvais œil dans sa mai-
» son; que la personne qui le menaçoit lui a dit,
» que s'il faisoit abjuration, il n'auroit d'autre
» bourreau que lui.

» Qu'à ceux qui sçavent par oui dire ou autre-
» ment, qu'une femme qui passe pour attachée
» à l'hérésie, incitoit son mari à de pareilles me-
» naces, & menaçoit elle-même Marc-Antoine.

» Qu'à ceux qui sçavent par oui dire ou au-
» trement, que le 13 du mois courant au matin,
» il se tint une délibération dans une maison de
» la Paroisse de la Dorade, où la mort de Marc-
» Antoine fut résolue ou conseillée, & qui auront

» le même matin vû entrer ou sortir de ladite
» maison un certain nombre de personne.

» Qu'à ceux qui sçavent par oui dire ou autre-
» ment, que le même jour 13 du même mois
» d'Octobre, depuis l'entrée de la nuit jusques
» vers les dix heures, cette exécrable délibéra-
» tion fut exécutée, en faisant mettre Marc-An-
» toine à genoux, qui par surprise ou de force,
» fut étranglé ou pendu avec une corde à deux
» nœuds coulans.

» Qu'à ceux qui ont entendu une voix criant
» à l'assassin, & de suite, ah ! mon Dieu, que
» vous ai-je fait ? Faites-moi grace ; la même voix
» étant devenue plaignante, & disant, ah, mon
» Dieu ! ah, mon Dieu !

» Qu'à ceux auxquels Marc-Antoine auroit
» communiqué les inquiétudes qu'il essuyoit dans
» sa maison ; ce qui le rendoit triste & mélanco-
» lique.

» Qu'à ceux qui sçavent qu'il arriva de Bor-
» deaux la veille du 13 un jeune homme de cette
» ville, qui n'ayant point trouvé de chevaux
» pour aller joindre ses parens qui étoient à leur
» campagne, ayant été arrêté à souper dans une
» maison, fut présent, consentant ou participant
» à l'action.

» Enfin, qu'à ceux qui sçavent par oui dire ou
» autrement, qui sont les auteurs, fauteurs,
» adhérens, de ce crime qui est des plus détesta-
» bles ».

C'est en ces termes qu'est conçu l'un des plus
singuliers monumens que la fureur de l'homme
ait encore élevés à l'idole du fanatisme. Si donc
quelqu'un a vû des assassins étrangers se glisser
dans la maison du mort, porter même leurs mains

sur lui, ou si Marc-Antoine a versé dans le sein de quelque confident son dessein de se donner la mort : Que ces témoins s'éloignent. Les tribunaux ne leur sont point ouverts. C'est contre le pere, contre la mere, contre le frere, contre l'ami du mort qu'il faut parler, pour obtenir d'être entendu. Le manifeste, car c'en est un, ne désigne qu'eux, n'accuse qu'eux, n'en veut qu'à eux. Et dans quel raffinement de combinaisons malicieuses l'auteur de cette piece a sçu descendre pour prêter du corps au phantôme qu'il livroit au peuple ? Son grand art n'est point de ce qu'il donne pour réel & indubitable un parricide qui n'exista jamais : ce n'est-là qu'un mensonge. Mais c'est de ce qu'il le montre sous tant de faces, que chacun puisse enfin se persuader à soi-même qu'en effet à y mieux réfléchir, il se trouve plus instruit qu'il ne croyoit de particularités qui y tiennent. C'est-là le comble de l'artifice ; c'est-là ce qui acheve de rendre aux habitans de Toulouse leur illusion & leur acharnement.

Il y a plus : tout-à-l'heure ils craignoient de parler : c'est, s'ils se taisent, qu'ils ont actuellement tout à craindre. La frayeur d'une flétrissure passagere les éloignoit des Tribunaux : la frayeur d'un supplice éternel les y pousse. Car cet acte sanglant qu'on a vû, il faut enfin l'appeller par son nom. Ce sont les chefs d'un monitoire que les Capitouls de Toulouse obtinrent du Vicaire-Général. Quel triste abus des institutions les plus saintes ! Deux fois on le publie dans toutes les Paroisses de la Ville. C'est avec le plus grand éclat, c'est sous les peines d'une excommunication authentique. Qui ne sent les prodigieux effets que ce signal de mort dût produire sur des têtes déja si embrasées d'elles-mêmes ? Toute digue se brise ; & le torrent est d'autant plus terrible dans ses ravages, qu'il semble commandé de Dieu même. Des nuages pires que les premiers, & qui portent la mort dans leurs flancs, s'élevent du Lieu Saint & des Chaires érigées à la Vérité. Egarés sur la foi de leurs chefs, les habitans sont profondément convaincus de la réalité du forfait ; & effrayés des menaces que les Ministres de Dieu leur annoncent, la crainte de lui desobéir, leur fait trouver ses ordres dans chaque objet qui a frappé leurs sens.

Si ce goût que Marc-Antoine avoit pour les Cérémonies publiques : si même quelque intérêt plus tendre, & une curiosité moins permise dans ces augustes lieux : si son amour pour le chant : si l'espérance d'obtenir à la faveur de ces démarches extérieures un certificat pour le Barreau, sans s'abaisser à d'autres actes incompatibles avec sa foi : si même le desœuvrement qui seul fait faire sans objet & sans volonté tant de choses ; si toutes ces causes l'ont quelquefois conduit dans nos Temples ; si le hazard l'a fait y prendre place dans des Confessionnaux, comme il eût pû se placer ailleurs ; si sa passion pour l'éloquence lui a fait suivre le Pere Torné, ou d'autres Orateurs moins célebres ; on ne doute plus que la grace ne l'entraînât aux pieds de nos Autels : & l'on court révéler qu'on l'a vû s'unir à nos prieres, à nos instructions, à nos Sacremens, à nos Mysteres.

Si les pertes que Marc-Antoine, qui étoit joueur, a faites à la paulme, au billard, lui ont donné l'air sombre ; si le projet de se détruire, qu'il rouloit depuis du tems dans ses pensées, l'a fait paroître taciturne : on ne doute plus que *ce qui le rendoit*, pour parler le langage du Monitoire, *mélancolique & triste*, ne fût les inquiétudes qu'il essuyoit dans sa maison. On ne doute plus *qu'il n'y fût maltraité, regardé de mauvais œil, menacé*.

Son pere touché de son desordre & de sa pente au jeu, lui en a-t-il fait de vifs reproches ? A-t-il dit en envisageant les suites d'une passion également funeste à la fortune & à l'honneur, que *si son malheureux fils ne change, il périra ?* Ces mots rapidement saisis par un sieur Bergereau qui passoit, se retracent à sa mémoire sous le rapport qui le préoccupe. Il croit se rappeller des menaces de mort ; il les applique à l'objet présent, & dépose qu'il lui a entendu dire de son fils : *s'il change de religion, je le tuerai*. Or une observation qu'il ne faut point obmettre, toute méprisable que cette déposition puisse être, c'est que ce Bergereau est un témoin unique, & conséquemment il est nul. Car si une femme de la lie du peuple, nommée Coudere, à laquelle Jean Calas venoit de refuser depuis peu des indiennes à crédit, a aussi déposé « qu'elle avoit vû Calas tenant son fils au collet, » lui disant, *si tu ne changes je te servirai de bourreau* » : Touchée de repentir, elle déclara publiquement sur la place de l'Hôtel-de-Ville, « que » c'étoit par erreur qu'on avoit inséré dans sa dé- » position qu'elle avoit vû », *qu'elle n'avoit entendu déposer de ce fait que par oui dire*. C'étoit sans doute les propos de Bergereau, que cette femme vindicative avoit indiscrétement répétés.

Quoi qu'il en soit, entre les témoins entendus sur les menaces imputées à Calas, Bergereau est le seul qui dépose comme instruit directement & par lui-même. Et de quoi dépose t-il ? On vient de le voir : ce n'est point à un changement de religion, dont il ne fut jamais question ; c'étoit à un changement de conduite que s'appliquoit le discours du pere. Mais le témoin tout rempli du faux sens qu'il prête à la chose, défigure les mots ; & de plus, quand ce mot *je te tuerai*, que Calas n'a pas dit, seroit tel que le témoin l'a rendu ; ce ne seroit encore que l'une de ces expressions outrées, non-réfléchies, que place sur les levres des peres l'excès même de leur tendresse pour des enfans qui ont des torts graves.

Enfin, si Calas pere, glacé d'horreur à la vûe du corps de son fils, si sa femme, si son fils Pierre, si Lavaysse, si la servante effrayés de cet affreux spectacle, jettent tous des cris perçans, & remplissent le voisinage du bruit confus de leurs gémissemens : le peuple affermi par le Monitoire dans la persuasion de leur crime, se hâte d'y ajuster ces sons inarticulés, mal-entendus. La demoiselle Pouchelon qui, il est vrai, s'est rétractée depuis ; un garçon Passementier, nommé Popis, la servante du sieur du Cassou, révelent qu'à neuf heures & demie, tems où le corps de Marc-Antoine étoit, selon le Chirurgien Gosse, froid comme un marbre, ils l'ont entendu crier, *au voleur, on m'assassine, on m'étrangle*. Mais ils prennent évidemment le change, & confondent ces lamentations redoublées, *Ah, mon Dieu ! Ah, mon Dieu !* qui fortement poussées par plusieurs voix que la douleur altere, forment indistinctement dans le lointain le même effet que cette invocation de secours, que leur égarement actuel leur persuade avoir entendue.

Mais écoutons plûtôt le sieur Delpeche, qui dépose « qu'on crioit, qu'on se desespéroit, & » que c'est ce qui l'attira à la porte ; que Pierre

« Calas lui dit avec transport, *mon Dieu, mon
» ami, viens voir mon frere mort* » ! Ecoutons la
demoiselle Pouchelon, qui dépose « que le pere
» & la mere crioient sans cesse, *ah, mon Dieu !*
» *ah, mon Dieu* » ! Ecoutons le sieur Gosse, qui
dépose « que la mere pleuroit beaucoup, que le
» pere pleuroit aussi, en se desespérant d'un pa-
» reil malheur ». Ecoutons Mirande, Tailleur,
qui dépose « qu'une voix pleuroit dans le fond du
» magasin, en répétant souvent, *ah, mon Dieu !*
» *ah, mon Dieu* » ! Ecoutons le Sr Dascure, qui
dépose « qu'ayant dit au sieur Calas dans son idio-
» me, *vous êtes bien affligé, Monsieur.* Celui-ci lui
» répondit, *& comment ne le serois-je pas ? mon fils*
» *est mort* ».

Ce sont-là les témoins qu'il falloit croire, d'autant plus que les Calas demandoient à prouver
que la plûpart de ceux qui défiguroient leurs cla-
meurs, n'avoient pu, physiquement même, les
entendre des lieux où ils étoient : & l'on refuse
de recevoir leurs preuves ! & l'on préfere d'ajou-
ter foi à ceux qui, plus éloignés du bruit, n'ont
entendu que des cris confus, & qui, tant par
crainte du Monitoire que par faux zele, ont cru
devoir les appliquer à l'accusation intentée !

Ainsi la crainte des Censures ecclésiastiques pro-
duit sur eux ce double mal, que d'abord elle abuse leur imagination, & qu'ensuite elle les force
d'en mettre au jour les fruits trompeurs. Ainsi
tout se dénature, se corrompt dans leurs cerveaux
crédules, pour y prendre la dangereuse empreinte
du préjugé qui les subjugue. Ainsi les sages leçons
inspirées à un pere par les sentimens de l'honneur
& par la piété paternelle, le font passer pour le
plus execrable des monstres : & ce sont les foudres

de l'Eglise qui portent la flamme sur le bûcher qu'on lui prépare.

Ces grossières erreurs formoient cependant les révélations les plus fortes. C'étoit-là les seules dépositions directes des témoins qui pussent parler d'après eux-mêmes. Le reste n'étoit qu'un méprisable amas de *oui-dire* que la Justice rejette, & que proscrivoit la raison. A voir avec quelle indécence & en quel nombre les témoins accouroient & s'offroient d'eux-mêmes, l'Hôtel-de-Ville paroissoit moins un Tribunal qu'une assemblée de conspirateurs. Plus de cent cinquante hommes furent admis à déposer de ces *oui-dire* intarissables. En effet, que n'avoit-on pas ouï sur un évenement aussi grave, & dont s'entretenoient sans cesse la Ville, la Province, la France entiere ? Que de faits controuvés & semés par la violente animosité des Partis : peut-être aussi par de secrets motifs de jalousie & de vengeance : peut-être même par la seule satisfaction de nuire ; car on prétend qu'il est des ames essentiellement noires qui placent leur joie dans le malheur d'autrui. Mais sur-tout que de fables créées par ces élans naturels aux hommes vers les objets singuliers & sortis de l'ordre ! comme si les puissances de notre ame trop vastes ou trop avides pour être satisfaites par la simplicité de la vérité, avoient besoin de s'agiter dans la sphere immense des mensonges.

Et cependant de cette foule de dépositions sur *oui-dire*, & conséquemment nulles, il n'en est qu'une qu'il soit besoin de rapporter ; parce qu'elle est la plus forte de toutes, & la seule qui ait trait immédiatement au fait même. C'est celle de la femme du Peintre Mathey. Cette femme, dans sa déposition, a dit « qu'une femme nommée *Mar-*

» *drille*, lui avoit dit, qu'une demoiselle qu'elle
» ne connoissoit ni ne reconnoîtroit, lui avoit
» dit, que le soir de la mort de Marc-Antoine,
» elle avoit entendu Jean Calas dire à son fils, *tu*
» *veux toujours faire à ta tête, je t'étranglerai* : à
» quoi le fils avoit répondu, *ah, mon pere, que*
» *vous ai-je fait ! laissez-moi la vie* ». Voilà incontestablement le plus important des oui-dire que l'inquisition ait rassemblés : & je croirois manquer à mes lecteurs de m'arrêter à en montrer l'absurdité.

Mais tandis que l'ardent Monitoire opere si violemment sur les esprits, quel nouveau spectacle vient s'offrir & redouble la fievre qui les agite ? Quel est ce convoi funéraire qui sort de l'Hôtel-de-Ville avec tant d'appareil ? Il s'avance à pas lents vers la Cathédrale de S. Etienne. Cinquante Prêtres l'accompagnent. Les Pénitens blancs, revêtus des attributs de leur Confrairie, font cortege. Vingt mille hommes suivent le corps. Qui le croiroit ? C'est au Protestant Marc-Antoine que l'on décerne avec cet éclat les honneurs de la sépulture ecclésiastique. Vainement le Curé, homme respectable & instruit, refuse de prêter son Eglise pour une cérémonie si étrange. Vainement remontre-t-il aux Magistrats municipaux que rien ne prouve la conversion de Marc-Antoine, & que l'instruction qui concerne ce point essentiel dure encore. Que peuvent les droits du raisonnement contre la force de la passion ! Soit que le fanatisme continuât d'exercer sur le sieur David son empire ; soit plûtôt que l'amour-propre, si terrible quand il sent ses torts, en eût pris la place ; & qu'au malheur d'avoir mal entamé une affaire d'un si grand ordre, ce Capitoul eût fait succéder la fausse honte de reculer & de se démentir, ou l'inquiétude d'attirer sur soi la chaleur qu'il avoit excitée contre les Calas : les Capitouls avoient ordonné que le cadavre seroit inhumé en terre sainte.

Par-là l'on enterroit la preuve du suicide, qui ne pouvoit être constaté que par la représentation du corps. Par-là l'on supprimoit les confrontations qu'il en falloit faire, tant aux témoins qu'aux accusés, & pour lesquelles on avoit eu le soin de prévenir la corruption des chairs. Par-là l'on retenoit la multitude avec plus d'avantage & moins de crainte dans une persuasion profonde que Marc-Antoine devoit se convertir. On sent s'il importoit au sieur David que le Curé de S. Etienne consentît à l'exécution de l'Ordonnance. Aussi pour vaincre la résistance qu'il y apporte, va-t-on jusqu'à l'assurer que les charges établiront l'orthodoxie du mort.

Que cette assertion étoit fausse ! C'est peu de dire que les charges ne l'établissoient pas ; elles prouvoient elles-mêmes le contraire ; car une vérité d'un grand poids, c'est que les monitions de l'Eglise n'avoient fait venir à révélation aucun Prêtre qui eût préparé, dirigé, confessé Marc-Antoine. Combien ce fait, pour qui sçait entendre, dit de choses ! Malgré la fulmination de l'anathème, nul Confesseur, nul Directeur, nul Controversiste, nul Cathéchiste, pas même le Curé de la Paroisse sur laquelle Marc-Antoine habitoit, nul homme enfin, de quelque état qu'on le suppose, ne déposoit qu'il eût instruit ce prosélite, qui devoit faire dès le lendemain de sa mort, une abjuration solemnelle.

Mais si le silence universel de tout Ecclésiastique sur les préparatifs indispensables pour une si grande œuvre, faisoit connoître que Marc-Antoine ne s'en occupoit point : que maintenant la déposition du sieur Chalier nous apprenne ce qu'au contraire il projettoit. C'étoit d'être reçu Ministre à Genève pour prêcher les Protestans de France : est-il étonnant qu'avec de telles dispositions il n'eût ni Livres ni Guides catholiques ? Il y avoit à peine un mois qu'il avoit confié ce dessein à Chalier. Celui-ci indiquoit un autre confident, qui, comme lui, avoit été présent à ce discours. Pourquoi donc n'avoir point fait entendre ce second témoin d'un fait si décisif & si précieux, puisqu'en effet toute l'accusation n'avoit pris sa source que dans la fausse opinion des esprits sur une abjuration supposée.

Et que de fautes de la même espece furent commises ! Pourquoi n'entendit-on pas les témoins, qui en Septembre 1758 avoient vu Marc-Antoine tenir aux environs de Mazamet un enfant qu'un Ministre protestant baptisa ? Pourquoi n'avoir point admis ceux qui au mois d'Août 1760 l'avoient vu dans une assemblée de Religionnaires aux environs de Vabres à Brassac ? Pourquoi n'avoir point admis ceux qui l'avoient vu aux mois de Mai & de Juillet 1760 assister à des enterremens de Protestans ? Ces témoins auroient dit avec quelle touchante énergie il s'y expliqua publiquement de l'excellence qu'il croyoit voir dans la Religion protestante. Le jeune Baux auroit dit que le jour même qu'il fut reçu au serment d'Avocat, ayant demandé à Marc-Antoine s'il n'en feroit pas bien-tôt autant, celui-ci lui avoit répondu : *je regarde la chose comme impossible, étant de la Ville, par conséquent trop connu. Comme je ne veux pas faire des actes de Catholicité, j'y ai renoncé.* Le Curé de S. Etienne auroit dit que Marc-Antoine lui avoit demandé, il y avoit environ dix-huit mois, un certificat de Catholicité: mais que l'ayant remis jusqu'à ce qu'il vît un billet de son Confesseur qui fît foi de ses sentimens, il n'avoit plus entendu parler de ce jeune homme. Le respectable M. de la Mothe auroit dit qu'ayant tenté de remporter la même victoire sur Marc-Antoine que sur son frere Louis, celui-là lui avoit déclaré « que » les réflexions ne servoient qu'à l'affermir de plus » en plus dans la foi de ses peres ».

Voilà les faits justificatifs dont les Calas offroient la preuve. Ces témoignages valoient bien, ce me semble, ceux des personnes qui pour les raisons qu'on a vûes, l'avoient quelquefois rencontré à nos offices & nos sermons. Mais, on l'a dit, le parti étoit pris d'imposer silence à quiconque vouloit parler pour les Calas. Il est même à propos qu'on sçache par quels détours le sieur Challier étoit parvenu à faire admettre la déposition favorable qu'on vient de voir. Ce ne fut qu'en annonçant vaguement qu'il avoit à révéler des choses très-importantes, & se donnant sur-tout bien de garde de les spécifier le moins du monde : de sorte que dans l'incertitude de sçavoir s'il avoit à parler pour ou contre, & dans la crainte de perdre un dire à charge, on l'entendit. Pour les autres ils furent moins adroits, & réduits à signer aux Calas leurs certificats des faits qu'ils auroient dit. Mais sous prétexte que ces pieces n'étoient pas judiciaires, les Capitouls n'en tinrent aucun compte.

Au reste, quand tous ces faits auroient fait partie des informations, elles n'en auroient pas eu plus de poids ; puisqu'à les prendre dans l'état même où elles se trouvoient, elles suffisoient pour
démontrer

démontrer à tout homme impartial que Marc-Antoine, loin de vouloir abjurer le protestantisme, tendoit plûtôt à en devenir un jour un des plus bouillans zélateurs. Et cependant c'est dans ces circonstances qu'un Officier public ose promettre que les charges porteront au plus haut degré d'évidence la catholicité du défunt ; & c'est à la faveur de cette assertion téméraire, qu'il surprend à un Pasteur trop facile la permission de profaner son Eglise par une inhumation défendue.

Qui pourroit dire le mélange d'impressions diverses que cette pompe funebre fit sur le peuple ? La douleur, l'indignation, l'inhumanité, la pitié succedent, ou plutôt se confondent dans tous les cœurs. Ce n'est plus délire, c'est phrénésie. On ne prie plus pour le mort, on l'invoque ; on se prosterne sur la tombe du nouveau Saint ; les uns touchent la bierre, les autres coupent des franges du linceul ; des bruits de miracles se répandent. Le lendemain les Pénitens blancs célebrent un fastueux Service. Au milieu s'éleve un magnifique catafalque surmonté par un squelette humain qui représente Marc-Antoine. Il tient d'une main une plume, emblême de son abjuration ; de l'autre, une palme, symbole de son martyre. Tous les Ordres de Religieux assistent par députés au Mausolée. Animés d'une indécente émulation, les Cordeliers font un autre service non moins scandaleux. Le peuple y court avec même transport ; & tous aspirent au pieux honneur d'être les bourreaux des Calas.

Quelle justice ces infortunés pouvoient-ils attendre de Juges qui venoient d'autoriser ce faste sanguinaire ? Avoir permis cette pompeuse inhumation du fils, n'étoit-ce pas avoir ordonné d'a-

G

vance le supplice du pere ? & s'ils s'étoient si ouvertement déclarés, comment pouvoient-ils rester Juges ?

Une autre cause de récusation s'élevoit contre eux : c'étoit l'irrégularité des confrontations. Ils les casserent, & en firent eux-mêmes de nouvelles. Autre vice : car les nullités naissoient en foule dans cette triste cause. On a vû que les verbaux ne furent point faits sur le champ & sans déplacer : l'Ordonnance pourtant le vouloit. On a vû qu'ils ne furent point dressés à décharge comme à conviction : l'Ordonnance pourtant le vouloit. On a vû que ce n'étoit point l'Official qui avoit accordé le Monitoire : & l'Ordonnance le vouloit encore. On a vû que les Calas y étoient désignés à ne s'y point méprendre ; & l'Ordonnance le défendoit. Enfin quoique les Juges eussent ouvert leur avis par l'Ordonnance de l'enterrement, qu'ils eussent fait des confrontations nulles, qu'ils les eussent recommencées d'eux-mêmes, ils n'eurent pas la bonne-foi de se récuser ; & cependant c'étoit le vœu de l'Ordonnance. Que de défauts de formalités se joignoient à l'injustice du fond ! Il sembloit qu'indignée des intentions de ses Ministres, la Justice leur refusât jusqu'à son langage & ses formes.

Ce fut le 18 Novembre 1761, que les Capitouls s'assemblerent pour prononcer. Le sieur David, ce récusable persécuteur, prit séance parmi ses collegues. Un fait qu'on nous assure, quoiqu'il nous semble incroyable, c'est qu'avant de monter sur le siege, il conduisit lui-même le Bourreau dans la maison du mort, & fit ensuite courir le bruit dans Toulouse que d'après la vûe des lieux, le Bourreau avoit jugé le suicide impraticable. Quoique les Juges observent de donner aux Jugemens criminels les heures du matin, où la tête est plus nette, l'esprit plus pur, les Capitouls rendirent leur Sentence à cinq heures du soir. Calas pere, sa femme, & Pierre leur fils furent condamnés à la question ordinaire & extraordinaire. Le sieur Lavaysse & la servante, présentés à la question ordinaire. Leur Sentence leur fut lûe à tous. Aussitôt ils en appellerent; & quoique cet appel les affranchît de la Jurisdiction des Capitouls, ceux-ci leur firent mettre les fers aux pieds comme à des scélérats convaincus.

On s'attendoit que la Tournelle obtiendroit un nouveau Monitoire, qui cette fois seroit *à décharge comme à charge*; qu'elle admettroit les faits justificatifs, d'où résultoient des preuves directes de l'innocence des accusés; qu'elle commenceroit par prononcer sur le sort de la servante & de Lavaysse, afin de les remettre dans leur véritable classe de témoins. C'étoit-là l'ordre naturel & légal. Mais par un enchaînement incompréhensible de desastres qui suivirent les Calas jusqu'au milieu du Sénat de Toulouse, tout ordre fut renversé dès l'origine jusqu'à la décision de ce fatal procès. La Tournelle cassa, il est vrai, la Sentence des Capitouls; mais sur un simple défaut de forme. Elle laissa subsister d'ailleurs toute leur procédure, & continua l'information. Ce supplément ne produisit rien de nouveau. Les mêmes chimeres débitées devant les premiers Juges, furent réitérées en la Cour : Et l'affaire fut mise sur le Bureau le 9 Mars 1762.

Treize Juges s'assemblent à la Tournelle. Ils proposent de juger d'abord Calas pere. Cet avis passe. On fait sortir de ses cachots ce malheureux vieillard.

Comme il traverse la Cour du Palais pour subir son dernier interrogatoire, un bûcher enflammé frappe ses yeux. On y brûloit un écrit calviniste. A l'aspect du bourreau, des archers, de la populace & des flammes, il croit voir le lieu de son supplice. Les gardes qui le traînent lui laissent croire que c'en est l'appareil. Ce spectacle ébranle tout son être, éteint toutes ses facultés, y répand toutes les horreurs de la mort. Son interrogatoire se ressent de cette commotion ; il ne peut, dans son accablement, ni opposer les vices de formes qui détruisent toute la procédure, ni remontrer qu'on lui a enlevé toute défense légitime, ni faire valoir les faits justificattifs qui l'absolvent. Il n'a la force que d'élever une voix mourante, pour protester qu'il n'a point tué son fils. Les Juges qui ignorent la cause de son trouble, le prennent pour l'embarras du crime, & croyent y lire enfin l'aveu dont ils avoient besoin pour se rassurer contre eux-mêmes.

Que si dans ces précieux momens le vieux Calas eût retrouvé ses pensées & sa voix, & qu'armé de cette intrépide fierté, qui rend l'innocence formidable au milieu même de ses fers, il leur eût adressé ces cris puissans de la Nature : Que méditez-vous, ô mes Juges ? qu'allez-vous faire ? Etes-vous des peres, des magistrats, des hommes ? Celui dont vous cherchez le meurtrier, étoit mon fils ; & ce titre ne m'a point défendu dans vos cœurs ! Les excès d'un peuple fanatique prépareroient-ils vos oracles ? Vous, arbitres du sort des hommes, vous rendriez-vous les esclaves de la multitude, & les ministres de ses fureurs ? J'ai vieilli sous vos yeux : quels forfaits ont souillé ma vie ? Est-ce donc par l'assassinat de son fils, qu'un homme s'ouvre la carriere des crimes ? Quels témoins m'ont vû l'égorger ? S'il en est un qui le soutienne, qu'il se montre, qu'on le saisisse, & inventez de nouveaux tourmens pour ma mort, si je ne confonds pas l'imposteur. Mais non : ils ont tous redouté la peine attachée au parjure ; & parmi ces flots d'ennemis que le faux zele a soulevés contre moi, aucun homme n'a osé publier qu'il m'eût vû commettre le forfait. Quelles preuves prétendez-vous donc m'opposer ? Sont-ce ces sanglantes absurdités qu'a enfantées dans les ténebres la haine d'une Religion qui fait mon crime ? Sont-ce ces infractions sans nombre de vos Capitouls, qui m'ont ravi les deux témoins de mon desespoir & des pleurs dont je baignois le corps de mon fils ? Sont-ce ces mausolées & cette palme du martyre que les Ministres de vos autels ont décerné solemnellement à un homme, qui peut être.... Daigne le Dieu de clémence qui sait son crime, l'absoudre comme ont fait vos Pontifes ! Mais vous, Sénat assemblé pour m'entendre, craignez d'ordonner mon supplice. Oui, c'est pour vous que je le crains. Eh ! que m'importent à moi mes jours ? je touchois au bord de ma tombe. Un instant de souffrances me va délivrer d'une vie dont la perte & sur-tout le crime de mon fils, me rendoient les restes insupportables. Je vous la livre : mais écoutez. Le voile tombera de vos yeux. Alors le glaive de la douleur déchirera jour & nuit vos entrailles. Les caresses de vos enfans redoubleront vos maux, vous rappelleront le supplice d'un pere innocent : Et dans le plus délicieux sentiment que l'ame humaine puisse éprouver, la vôtre ne trouvera que l'affreux poison du remors.

Puisque la notoriété publique a fait disparoître

le rideau qui voile d'ordinaire les délibérations des Tribunaux, il faut qu'on sache que la prépondérance d'une seule voix forma l'Arrêt.

De treize Juges, sept opinerent à la mort : un des six autres se joignit ensuite aux premiers. Par cet Arrêt Jean Calas fut condamné « à être d'abord
» appliqué à la question ordinaire & extraordi-
» naire, à être rompu vif, à expirer sur la roue,
» après y avoir demeuré deux heures, & à être
» jetté au feu ».

Calas supporta la question avec cette héroïque résignation qui n'appartient qu'à l'innocence. On le presse par des tortures de déclarer le nom de ses complices. *Où il n'y a point de crime*, répond-il, *il ne peut y avoir de complices*. A l'amende honorable il déclare que pour l'expiation de ses fautes, il offre à Dieu de grand cœur le sacrifice de sa réputation & de sa vie ; mais il proteste qu'il meurt innocent du crime qui les lui coûte.

La constance majestueuse que ce vieillard fait paroître en marchant au supplice, & sur-tout l'ascendant inévitable de la vertu, commencent à élever dans tous les cœurs des sensations confuses de compassion, de repentir. Avant que le Bourreau remplisse son ministere, le Pere Bourge s'approche, embrasse la victime, & la serrant dans ses bras : « Mon cher Frere, lui dit ce respectable
» consolateur, vous n'avez plus qu'un instant à
» vivre. Par ce Dieu que vous invoquez, en qui
» vous espérez, & qui est mort pour vous, je vous
» conjure de rendre gloire à la vérité ». *Je l'ai dite*, répond Calas en levant les yeux vers le Ciel. Puis reportant sur le Religieux un regard d'étonnement & de tendresse : *eh quoi !* dit-il, *pourriez-vous croire aussi qu'un pere eût voulu tuer son fils ?*

Auſſitôt le Bourreau leve ſur lui la barre redoutable. A cette vûe tout le peuple friſſonne. Chaque coup dont Calas eſt frappé retentit au fond des ames : & des torrens de larmes s'échappent, mais trop tard, de tous les yeux.

Le premier coup n'arrache au Patient qu'un cri fort modéré ; il reçoit les autres ſans la moindre plainte. Placé enſuite ſur la roue, il implore de nouveau le Ciel, le conjure de ne point imputer ſa mort à ſes Juges, s'éleve par ſes propres ſouffrances aux plus hautes contemplations, & adreſſe au Pere Bourge ces attendriſſantes paroles : *Je meurs innocent ; Jeſus-Chriſt, l'innocence même, voulut bien mourir par un plus cruel ſupplice. Dieu punit ſur moi le péché de ce malheureux qui s'eſt défait lui-même ; il le punit ſur ſon frere & ſur ma femme : il eſt juſte, & j'adore ſes châtimens..... Mais ce jeune étranger, à qui je croyois faire politeſſe en le priant à ſouper ; cet enfant ſi bien né, ce fils de M. Lavayſſe, comment la Providence l'a-t-elle enveloppé dans mon malheur ?* Il parloit encore quand le Capitoul David, pour couronner dignement ſon ouvrage, s'élance vers l'échafaud, & s'écrie : « malheureux, » vois-tu ce bucher qui va réduire ton corps en » cendres ? Dis la vérité ». Pour toute réponſe, Calas détourne la tête avec effort, regarde l'exécuteur ; celui-ci frappe, & l'innocent expire.

Son héroïſme toucha les Magiſtrats. Ils procéderent au Jugement des autres Accuſés. Ceux-ci perſévérerent à ſoutenir unanimement qu'ils étoient tous innocens : que Calas pere l'étoit comme eux : que ce viéillard étoit reſté toujours avec eux, ſans qu'ils ſe fuſſent un ſeul inſtant quittés es uns les autres. Par un ſecond Arrêt les Juges mirent hors de Cour la veuve Calas, le jeune

C iiij

Lavaysse & la Servante ; & ils bannirent Pierre Calas sur un propos irréligieux qu'un témoin, nommé Cazeres, lui avoit imputé.

Tel est le récit déplorable de l'un des plus tragiques événemens qui ayent paru sur la scene du monde. Nos regrets & nos pleurs ne rendront point le vertueux Calas à ses fils. Mais il est & au pouvoir & du devoir des hommes de leur rendre du moins l'honneur ; non cet honneur de sentiment intime qui forme la vertu, ils n'ont point perdu celui-là ; mais cet honneur d'estime & d'opinion publique qu'on ne devroit perdre qu'avec l'autre. Les malheureux fils de Calas se jettent donc aux pieds du Trône, où est assis le meilleur des Rois ; ils le conjurent au nom du Dieu qui juge les Rois de la terre, de réhabiliter la mémoire de leur pere innocent. S'ils respirent encore ; s'ils n'ont point succombé sous leurs maux, ils le doivent au courage que la nature & que l'honneur leur prêtent pour s'acquitter de ce devoir sacré.

Mais que me reste-t-il à faire pour leur apprendre à le remplir ? Le seul récit des faits n'a-t-il pas défendu leur Cause ?

Que pouvons-nous, foibles Orateurs que nous sommes, dans ces sortes d'événemens, où la seule simplicité du fait est plus éloquente mille fois que nos efforts & nos discours ? Comme pourtant il est de mon devoir de ne négliger rien dans une affaire de cette importance : Présentons à présent les réflexions qu'elle fait naître.

MOYENS.

Une voix s'est élevée dans Toulouse qui a im-

-puté à Calas le meurtre de Marc-Antoine. Voilà sans doute le plus exécrable des forfaits qu'il soit possible à l'homme de commettre. S'il est vrai que le parricide Calas ait plongé le poignard dans le cœur de son propre fils, le bûcher & la roue n'ont rien de trop cruel pour un tel monstre. Mais » que de peuves & quelles preuves, disoit l'Ora- » teur de Rome, un accusateur doit-il produire » d'une action si révoltante, & qui autant par sa » scélératesse que par sa rareté tient du prodige ». Observons que ce grand homme parloit ainsi de l'attentat d'un fils sur la vie de son pere. « Il » faut prouver, dit-il encore, que ce fils est un » monstre d'une audace effrenée, perdu de mœurs, » souillé de tous les vices, coupable de tous les » crimes, plongé dans un abîme d'égarement & » de fureur qui rend tout croyable ; & si ses noir- » ceurs sont accumulées, si sa perversité est au » comble, alors seulement écoutez les témoins. » Tant la force du sang réclame contre cette af- » freuse idée ! Tant il est incompréhensible qu'u- » ne créature humaine surpasse assez en cruauté » les bêtes féroces pour arracher la vie à celui » dont elle l'a reçue » !

Si le respect que Ciceron portoit à la nature de l'homme lui faisoit mettre à des conditions si hautes l'admission des témoins contre un fils accusé d'avoir tué son pere : Quelle méfiance plus religieuse encore ce Jurisconsulte philosophe n'eût-il pas inspiré contre ceux qui inculpoient un pere du meurtre de son fils. Ce n'est pas que je veuille calculer les degrés de l'un & l'autre crime ; l'émotion & le trouble qu'ils causent m'empêcheroient de les peser d'une main sûre. Mais sans prononcer sur l'atrocité des deux ames, il me semble que le forfait du pere a moins encore de vraisemblance, se conçoit moins que le forfait du fils; non pas parce que l'amour descend plûtôt sur les enfans qu'il ne remonte vers les peres: comme s'il s'agissoit de tendresse dans cette question de crime! mais parce que les jours d'un pere sont souvent un obstacle aux passions d'un fils pervers, au lieu que les méchans ne donnent souvent l'essor aux leurs, que par intérêt pour leurs fils.

Qu'on se peigne cette incontestable vérité parée des traits dont l'Orateur Romain l'auroit ornée: quels grands effets elle produiroit sur tous les cœurs! quels Juges ne rougiroient d'admettre des dépositions contre un pere! Pour nous ne tentons point de mêler l'éloquence aux raisons. Et loin de dire que la vie de Calas passée toute entiere dans le sein de l'honneur, que sa douceur & sa probité reconnues, que sa modération & ses bontés pour ses enfans, que son amour pour un fils catholique, que ses principes sur la liberté des consciences devoient repousser loin de lui les témoins, demandons au contraire où ils sont.

Nous verrons, lorsqu'ils auront paru, ce qu'ils sont eux-mêmes: car chacun sçait que cet examen a lieu dans les accusations ordinaires. Et certes! les accusateurs d'un forfait qui blesse autant toute vraisemblance qu'il dégrade notre nature, méritent bien qu'on les examine comme les autres. Peut-être les jalousies que l'intérêt engendre, peut-être ces divisions causées par la diversité des cultes leur ont dicté ou payé leurs mensonges; mais encore une fois qu'ils paroissent.

O jugement incroyable & terrible, que pour l'honneur de ma patrie je voudrois pouvoir arracher des annales de notre siecle ! Calas est mort dans les tourmens. C'est pour expier un parricide que le Juges ont ordonné sa mort. Et un seul homme ne s'est pas rencontré qui ait pû dire : » j'ai vu le crime ».

Mais c'est ici que la surprise va redoubler. Deux témoins irréprochables & jugés tels par les propres Juges de Calas, ont dit d'une voix unanime : « Nous avons vu qu'il n'a point commis le for- » fait. Nous étions avec lui dans le tems même » où Marc-Antoine a péri loin de nos yeux & des » siens ». Et Calas est mort sur la roue ! & les témoins n'ont point partagé son supplice ! Ils n'étoient donc point ses complices, quoiqu'ils fussent avec lui dans le tems où Marc-Antoine est mort. Ils n'ont donc point été parjures, en attestant qu'ils étoient avec lui. Mais si les Juges ont déclaré par leur Arrêt qu'ils n'étoient ni complices ni faux témoins, il est donc démontré que Calas pere qui étoit avec eux, a été innocent comme eux. L'évidence de ce raisonnement est palpable.

Par quelle fatalité les Juges ne l'ont-ils pas saisie ? C'est qu'ils n'ont reconnu l'innocence des témoins qu'après la mort du malheureux Calas. C'est qu'ils s'étoient mis par l'interversion de leur procédure dans le cas de ne pouvoir la reconnoître plutôt, & dans un tems où cette innocence des témoins auroit démontré celle de Calas. Qu'il étoit injuste en effet de commencer par dévouer à la mort & faire exécuter Calas, avant que d'avoir éclairci si ses co-Accusés étoient innocens ou coupables ! Il étoit évident, par le genre même de l'accusation, que ceux-ci ne pouvoient être trouvés innocens, sans que Calas ne partageât leur innocence. Il falloit donc, les droits de la Vérité le vouloient ainsi, il falloit pour fixer le sort de l'un d'entre eux, s'être mis à portée de prononcer sur le sort de tous : parce qu'en effet l'absolution ou la condamnation de tous étoit inséparable. Et cependant le jugement est porté contre Calas ; c'est trop peu dire, il est exécuté : Et sa cause n'étoit pas instruite encore ! Non, sa cause ne l'étoit pas : car la cause de Calas n'étoit pas uniquement son procès personnel. C'étoit l'ensemble des co-accusations qui la formoit. Fatale précipitation ! qui a trop fait connoître que le mépris des regles conduit toujours à l'injustice. C'est ainsi qu'impliqués dans l'accusation d'un complot, les témoins furent dépouillés du seul rôle qu'ils dussent faire. C'est ainsi qu'au moment où pour l'honneur de la vérité, de la justice, de la religion, de l'humanité & du repos public, ils auroient dû voler à la défense du vieillard qu'on traînoit à la mort, ils étoient eux-mêmes chargés de fers : & qu'aussi innocens que lui, ils se résignoient au même sort.

Ne disons point que les Magistrats attendoient des douleurs du supplice quelque aveu qui éclairât le Jugement qu'il leur restoit à rendre. Cette conjecture est trop odieuse. Mais du moins est-il vrai que l'idée de complot dont ils étoient frappés, a pu seule déterminer leur décision.

S'ils avoient sçu ce qu'ils ont trop tard reconnu, que ni la mere, ni Pierre son fils, ni sa domestique, ni le jeune Lavaysse n'étoient coupables ; ils auroient vu qu'indépendamment de ces puissans moyens, tirés & des droits du sang & des mœurs purs de Calas, il étoit physiquement même impossible qu'un homme débile, affoibli par soixante-huit ans de travaux, & dont les jambes étoient enflées & chancelantes, eût faisi, dompté, attaché, suspendu seul, sans aide, sans complice, un jeune homme de vingt-huit ans, connu par sa vigueur & son adresse aux exercices du corps. Non, ce n'est point pour livrer à son fils un combat dont l'idée seule fait trembler le cœur le plus ferme, qu'un foible vieillard eut recouvré ses forces. Qu'il les retrouve, qu'il se ranime pour le défendre : voilà les seuls prodiges que la Nature enfante.

Veut-on connoître les vrais sentimens qu'elle inspire ? voyons-les dans l'intrépidité qui soutient la respectable mere des Calas. A peine les fers sont tombés de ses mains que, malgré les maux qui l'épuisent, & toute effrayée encore des erreurs où les Ministres de la Justice tombent, elle quitte sa patrie, ses parens, ses consolateurs, elle accourt: se jette aux pieds du Trône, ose reclamer de nouveaux Juges, demande au Prince avec des pleurs de sang ou la réhabilitation de son époux ou la mort.

Son crime est le mien, s'écrie-t-elle, ou mon innocence est la sienne. Oui, SIRE, s'il a mérité le supplice, je le mérite ; & si la liberté que m'ont rendue mes Juges m'étoit dûe, il faut à mon époux une réparation éclatante. Ils l'ont jugé *atteint & convaincu d'avoir commis un homicide sur la personne de son fils.* Voilà les termes de leur sanglant Arrêt. Eh ! pourquoi donc respirai-je encore, moi qui étois à ses côtés, qui ne l'ai point quitté, qui le voyois, lui parlois, le touchois à l'heure fatale où Marc Antoine est mort ? Prétendront-ils que ma main n'a point fait le coup ? Mais main ne l'a point empêché.... La vengeance, je le sçais, SIRE, n'est point faite pour moi. Mais mon époux est mort; il a péri dans les souffrances & dans l'ignominie. Nous partageons mes fils & moi son opprobre comme son innocence. Et ce n'est pas l'intérêt de ma seule famille ; c'est l'honneur de vos Tribunaux ; c'est la sureté de vos fideles sujets ; c'est la gloire de votre auguste Regne que je défends, en reclamant contre une flétrissure qui ternit de si grands objets. Ainsi s'exprime la veuve Calas par ses douleurs & ses courageuses démarches.

Quelles conséquences tout ceci fait-il naître ? Trois également invincibles. C'est que les Juges n'auroient pas dû prononcer sur Calas, avant que de décider le sort de ceux qui n'avoient contre eux nul Accusateur. C'est qu'aujourd'hui que les Juges reconnoissent que les co-Accusés n'étoient point des complices, mais des témoins, ils ne jugeroient plus Calas de la maniere qu'ils l'ont jugé. C'est encore que si les Juges de Calas ont eux-mêmes retracté leur premier Arrêt par un autre, le Trône que les fils de Calas ont aujourd'hui pour Tribunal, doit rétablir solemnellement leur honneur. Comment détruire ces argumens ? Que répondra-t-on à ces preuves ?

Dira-t-on que pour trouver dans l'Arrêt de Toulouse cette injustice manifeste dont les réhabilitations sont l'effet, il faudroit que le Conseil eût sous les yeux le vrai coupable, & que celui-ci déclarât que c'est lui-même qui a tué Marc-Antoine ? S'il en est ainsi, il faut dire que tout pere d'un fils qui se détruit, doit être traîné sur l'échafaud : puisqu'il est d'une physique impossibilité de rencontrer le meurtrier d'un homme qui n'en a eu d'autre que lui-même ; & que pourtant, faute de trouver cet être imaginaire, qui n'exista jamais, on doit roüer, brûler le pere du mort, non-seulement malgré l'absolue privation de toutes dépositions à sa charge, mais même au mépris des témoins irréprochables qui le justifient. Cette idée ainsi mise en principe feroit horreur. Et cependant qu'a-t-on fait dans cette Cause, sinon de la mettre en action?

Mais si d'un côté nul témoin n'a administré de preuves contre Calas, si de l'autre on n'a point écouté les témoins qui en fournissoient en sa faveur, qu'a-t-on donc consulté? des indices. Quels indices, grand Dieu! De quel aveuglement il a fallu être frappé pour regarder comme indices d'un parricide, des faits émanés tous de la seule tendresse paternelle. Cette proposition doit surprendre. Mais avant que de la démontrer, je veux admettre pour un instant qu'on eût même rencontré des indices. Est-il donc permis de condamner sur des indices?

Si quelques Auteurs l'ont avancé, suivons-les dans la maniere dont ils entendent cette proposition; & l'on verra qu'en admettant le mot, ils rejettent évidemment la chose. Ils exigent en effet que les indices soient indubitables *. Ils veulent

────────

(*) Julius Clarus, prat. Crim. lib. 5. parag. fin. q. 20. n. 5.
Bornier sur le Tit. 19. de l'Ordon. de 1670. art. 1.
Ferrier *in verbo Indice*; les indices sont des conjectures.
Danti de la preuve par témoins, pag. 175.
Dargentré, art. 4 sur Bretagne *in verbo présomption*.
Mornac sur la loi VI. C. *de dolo atque adeo in multis fallit.* Dargentré, eod. no.
Albéricus, qu'un de nos Auteurs appelle *summæ autoritaris vir & magnus Practicus.* Tract. Malef. tit. de præs. & ind. indub. Q. 1.
Les plus rigoureux exigent même pour la torture, qu'il concout au moins un témoin *de visu.* Lacombe des mat. crim. p. 520.
Barth. sur la Loi 1. parag. 4. de quæst, n. 3.
Rebuffe, *de reprob. test.* n. 55.

qu'on en puisse conclure, mais d'une conséquence nécessaire, que tel homme a commis le crime ; qu'il est impossible qu'il ne l'ait pas commis. *Ut res se aliter habere non possit.*

Or ce qu'on entend par indices, mene-t-il jamais-là ? Que laisseroient-ils à faire aux preuves ? N'en different-ils pas au contraire, en ce que celles-là conduisent à la certitude, ceux-ci aux doutes ? Ils ne servent qu'à nous ouvrir des soupçons, qu'à nous faire naître des opinions & des inquiétudes. Or est-ce de ces combinaisons hazardeuses, de ces trompeurs rapprochemens qu'il est question en matiere de crimes ? Que nos conjectures, que nos systêmes s'exercent à découvrir des vérités cachées : mais qu'ils respectent la vie des hommes. La Loi veut, pour la leur ôter, des preuves plus claires que la lumiere, *luce clariores*, dit-elle. Or ce n'est point de la lumiere de nos esprits que la Loi parle. Qu'elle est vacillante & trompeuse cette lumiere que les hommes se contestent entr'eux, qui montre à l'un ce que l'autre ne peut voir, que les passions offusquent, que nos relations affoiblissent ! Mais la Loi parle de cette lumiere naturelle, qui n'a rien d'arbitraire, dont l'astre du jour éclaire l'œil de l'homme, *luce clariores*.

Et pour citer sur un si grave sujet les plus graves autorités, qu'on écoute sur le danger des indices l'un des premiers & des plus illustres Sou-

---

Bernier sur Manchin, *in verbo Test.* art. 166.
Alexandre, lib. 7. Conf. 2. n. 12. cap. 10 extra de præf.
Tiraqueau, de pæn. n. 107.
Bolde sur la Loi 1, cod. de sav. fug. n. 16.
Aristos. in Rhetor. cap. 13 & 15. Cap. Car. Mag. l. 7. c. 186.
Addit. sur Jul. Clar. n. indic. indubi.
Je dois ces citations aux Mémoires imprimés de M. Sudre, célebre défenseur des Calas à Toulouse.

vérains

verains de cette Monarchie. « Qu'un Juge, dit * ⟨marginal: * C'est la traduction de Danti.⟩
» Charlemagne, ne condamne jamais * qui que
» ce soit sans être sûr de la justice de son Juge-
» ment; qu'il ne décide jamais de la vie des hom-
» mes par des présomptions; qu'il voye la preuve
» claire, & après cela qu'il juge. Ce n'est pas celui
» qui est accusé qu'il faut considérer comme cou-
» pable, c'est celui qui est convaincu. Il n'y a rien de
» si dangereux ni de si injuste au monde que de ha-
» sarder à juger sur des conjectures. Toutes ces sor-
» tes d'affaires, où la preuve consiste en indices, &
» ne va qu'à former un doute, doivent être ré-
» servées au souverain jugement de Dieu, & les
» hommes doivent sçavoir que toutes fois & quan-
» tes qu'il n'a pas voulu leur donner le parfait
» éclaircissement d'un crime, c'est une marque
» qu'il n'a pas voulu les en faire Juges, & qu'il
» en a réservé la décision à son tribunal ».

Gardons-nous de mêler nos foibles réflexions aux oracles de cet Empereur immortel. Ajoutons seulement que l'auguste Prince qui porte aujourd'hui sa Couronne, porte aussi dans son cœur ses maximes. Si l'on demande pourquoi, si rigoureux sur la nécessité des preuves pour les crimes ordinaires, Charlemagne n'a pas dit quel excès de circonspection & de prudence il falloit sur-tout apporter dans le jugement des parricides ? Nous demanderons à notre tour pourquoi Athenes, si célebre par les chef-d'œuvres de législation nés dans son sein, n'avoit point établi de peines contre un tel crime ? Et le sage Solon répondra qu'elle se fût reprochée d'avertir par-là les hommes qu'il fût possible de le commettre.

C'étoit du crime des fils que parloit le Législateur. Quant à celui des peres, l'idée n'en étoit

D

seulement pas née dans l'esprit des peuples. Et comme s'il étoit inutile de dénommer ce qui n'existe pas, ni la langue des Grecs, ni celle des Romains, ni la nôtre, n'ont eu de termes pour exprimer ce genre de forfait. Que ce silence est énergique ! c'est le plus digne hommage que les mœurs rendent à la nature.

Mais un crime pire que celui contre lequel Athenes n'avoit point décerné de peines ; mais un crime pire que celui contre lequel l'Orateur de Rome ne vouloit point qu'on admît de témoins ; mais un crime que ni la langue des Grecs, ni celle des Romains, ni la nôtre n'ont exprimé par aucun mot, a été cru & puni par nous : non seulement sans témoins qui l'eussent vû commettre: non seulement malgré les témoins qui auroient prouvé l'*alibi* : non seulement sans avoir même ces indices que nos Ordonnances réprouvent comme insuffisantes : mais sur des bruits qui, examinés de plus près, ne prouvoient eux-mêmes que l'amour d'un pere pour son fils.

Calas vivroit encore s'il n'eût pas suivi son devoir & son amitié paternelle. Il a, dit-on, fait à son fils de violentes menaces plusieurs semaines avant sa mort. Il lui a dit : « si tu ne changes, ou » si tu changes, tu périras. Selon d'autre, « je « t'étranglerai ». Selon d'autres, « je te servirai » de bourreau ».

Qu'une réprimande trop méritée par Marc-Antoine soit ainsi travestie en menaces de mort pour cause de Religion, on éprouve au récit de cette révoltante métamorphose tout ce qu'une ame sensible & forte peut contenir d'indignation. Mais à l'émotion que nous cause l'odieux abus qu'on a fait des plaintes les plus fondées, substituons, s'il se peut, la marche paisible du raisonnement, &

faisons cet effort sur notre douleur de discuter avec sang froid.

Le pere dans ses menaces a-t-il parlé de Religion ? Non ; les témoins n'en disent pas un mot. Un seul en parle, & un témoin unique est nul. Pourquoi donc & de quel droit tourne-t-on les menaces du pere vers cet objet ? Mais c'est par interprétation ; c'est par une application fort probable aux circonstances de l'affaire. Quoi ! des allusions, des vraisemblances dans une Cause de cette nature ! Parlons plûtôt le langage des Loix. Tout, en matiere de crime, est de rigueur : l'axiome est juste & connu. Donc quand l'homme, à qui le Ciel auroit départi la plus grande droiture de sens, seroit sûr d'après ses calculs que les discours de Calas se rapportoient à un changement de Religion, il suffiroit que le mot n'eût pas été prononcé, pour qu'on dût mettre l'induction à l'écart.

Mais poursuivons, & voyons de quels faits cette induction résulte. De ce que Marc-Antoine étoit prêt, dit-on, d'abjurer.

Mais à présent cette nouvelle allégation a besoin elle-même de sa preuve. Où la trouver ? Je le demande. Est-ce dans ce goût ardent que Marc-Antoine montroit pour les assemblées de Desert, & tous les genres de cérémonies protestantes ? Est-ce dans sa résistance aux tentatives d'un Magistrat qui vouloit l'éclairer ? Est-ce dans cette privation de tout livre Catholique qui pût l'instruire ? Est-ce parce que la voie du Monitoire n'a fait connoître aucun Prêtre qui l'eût préparé à changer ? Est-ce parce qu'il avoit avoué à ses amis, peu avant sa mort, que ses vûes étoient d'être Ministre, pour prêcher la croyance de Cal-

D ij

vin. Mais il a quelquefois paru à nos fermons. C'étoit peut-être cet esprit-là même de controverse & de dispute qui l'y pouffoit. Mais on l'a vû de même à nos offices. Eh ! a-t-on oublié que par-là il espéroit surprendre ce billet de Catholicité qu'il lui falloit pour le Barreau. Son espoir est déçu; son Curé veut qu'avant tout un Confesseur lui certifie ses sentimens : aussi-tôt Marc-Antoine disparoît, sans plus revenir vers son Pasteur. Quelle foule de preuves qu'il ne vouloit point déserter la foi protestante !

J'ai dit ces choses : je le sçai bien. Mais peut-on les trop dire, quand on songe que l'édifice de l'accusation portoit tout entier sur l'abjuration prétendue ? Car cette base étant sappée, tout croule. Mais s'il faut aux Lecteurs une preuve nouvelle des dispositions de Marc-Antoine, en voici une émanée encore de lui-même. C'est une Lettre que l'année de sa mort il écrivoit au sieur Cazeing son ami : « Tu trouveras incluse une
» Lettre pour mon frere, que je te prie de lui re-
» mettre cachetée après l'avoir lûe. Aide-le, je te
» prie, de tes conseils. Je parlerai à mon pere
» pour lui, quoique nous soyons dans une cir-
» constance critique, puisque d'un côté nous res-
» sentons beaucoup la misere du tems, ET DE
» L'AUTRE NOTRE DESERTEUR NOUS TRA-
» CASSE. Il veut faire contribuer, & il agit par
» la force ».

Deux réflexions naissent de cette Lettre ; l'une étrangere au point présent, mais que nous nous reprocherions d'omettre. C'est que ce fils, si odieux à son pere, avoit sur lui le principal crédit, & étoit le médiateur entre lui & ses autres enfans. L'autre, c'est que ce n'étoit point pour *déserter* & abjurer lui-même qu'il appelloit son frere Louis, qui avoit abjuré, *un déserteur*. En voilà trop pour établir que ce ne fut point la Réligion qui attira au fils les reproches d'un pere mécontent.

Quelles causes donc les lui mériterent ? Je l'ai dit encore. L'indécision, l'inconstance, l'oisiveté, l'humeur violente & sombre de Marc-Antoine, & sur-tout sa passion invincible pour le jeu. Dans la crainte que cette passion n'entraînât son fils à sa perte, *malheureux*, lui dit-il un jour avec force, *si tu ne changes, tu périras*. C'est ce mot qui, pris à contre-sens, fut, comme on sçait, empoisonné par l'esprit de vertige qui tournoit alors toutes les têtes. Si donc Calas, indifférent aux écarts de son fils, eût négligé ses devoirs de pere, il vivroit encore. Peres & meres, frémissez tous. Quand vos fils vous affligeront, & qu'ils auront besoin de vos corrections paternelles, mesurez, pesez, calculez les discours & les gestes que la douleur, la colere, l'amour, les droits du sang vous inspireront. Les bêtes féroces n'écoutent point vos reproches à votre porte, pour attendre, comme a dit l'Apologue, que vous livriez vos enfans à leur rage : mais des hommes, plus redoutables qu'elles, saisissent vos paternelles menaces, pour vous livrer vous-mêmes comme parricides à la mort.

Calas vivroit encore si le spectacle de son fils mort ne lui eût point arraché des cris perçans. Mais ses entrailles se déchirent à cette vûe : Et les lamentables sanglots du pere sont pris pour les efforts & les gémissemens du fils. C'est aux témoins qui sont tombés dans cette affreuse erreur qu'on ajoute foi, & non à ceux qui moins éloignés ont mieux entendu, & non à ceux qui ont

D iij

vu par eux-mêmes les mouvemens de desespoir de cette famille éplorée. On se persuade que ce desordre n'est que vaine grimace & que feintes On suppose, comme a dit le Défenseur des Calas à Toulouse, qu'un pere, qu'une mere, qu'un frere, qu'un ami, ont soupé tranquillement avec celui qu'ils avoient projetté d'étrangler.

On suppose qu'ils se sont mis à commettre avec le même sang-froid un parricide qui en renferme trois à la fois. On suppose qu'ils ont commis leur crime à l'entrée de la nuit, & sur la rue la plus peuplée & la plus fréquentée de la Ville ; comme s'ils ne pouvoient pas attendre, pour immoler plus surement leur fils, qu'il s'offrît à eux ou sans témoins à la campagne, ou sans défense dans son lit & son premier sommeil. On suppose qu'ils ont eu l'art, la précaution & le sang-froid de prendre entre eux cette délibération étrange : après avoir tué Marc-Antoine, nous resterons tranquilles tant de tems ; puis nous pousserons des cris douloureux ; l'un d'entre nous ira chercher des Chirurgiens, l'autre des Officiers de Justice. Le peuple accourera ; & nous serons tellement maîtres de nous-mêmes, que notre visage, nos discours, tout notre extérieur, représenteront la douleur la plus vraie & la plus naturelle. On suppose en un mot que le même lieu, la même heure, ont rassemblé cinq monstres qu'à peine compteroit-on sur la surface de la terre.

Ainsi la sollicitude & l'amour de Calas pere pour son fils Marc-Antoine, tant qu'il a vécu : Ainsi l'affliction profonde où l'a plongé sa mort, ont paru par un renversement de toute raison & de tous sentimens des indices de parricide. Quel effroyable égarement étoit réservé à nos jours !

Que Marc-Antoine n'a-t-il pu prévoir, au moment où il s'alloit détruire, de quels malheurs sa mort seroit suivie ! cette perspective l'eût arrêté, lui eût épargné un crime, à ses parens l'opprobre, aux Magistrats l'amertume du repentir.

Je n'ai ici qu'une objection à craindre : je ne veux point me la dissimuler. C'est qu'une erreur de cette nature doit paroître incroyable à tous. Chacun doit dire : non, il n'est pas possible que les Juges livrent ainsi l'innocent au supplice. Ils n'ont de satisfaction, ils n'ont même d'intérêt qu'à bien faire. Elevés tous dans cet amour du bien public, dans cet esprit conservateur, qui sçait que la force d'un Etat réside dans la sûreté des membres qui le composent, la vie du dernier des hommes leur est trop chere pour que la négligence ou la prévention les abuse. Voilà sans doute ce que chacun s'est dit. Cette idée frappe ; elle est spécieuse : j'y dois répondre.

Une voix de moins contre Calas, & Calas ne périssoit point. Car la Loi veut que dans les Jugemens en dernier ressort l'avis le plus sévere prévale * de deux voix. Or, parmi les treize Juges de Calas, il y en eut cinq qui s'opposerent à l'Arrêt. Donc si l'un des huit autres Juges qui balança long-tems entre la vérité & l'erreur, n'eût enfin penché de ce dernier côté, il y auroit eu sept voix contre six. Alors le parti *le plus doux*, pour parler le langage de l'Ordonnance, ou, pour parler celui de l'étroite équité, le parti le plus juste l'eût emporté. C'est donc, à dire vrai, l'erreur d'un seul homme qui donna la mort à Calas. Et cette erreur devient dès-là plus facile à comprendre. Elle est dès-là plus vraisemblable mille fois que ne l'est le crime d'un pere devenu

D iiij

l'assassin de son fils. Car s'il n'est que trop naturel aux hommes d'errer & de s'égarer dans leurs voies, si au contraire notre nature se souleve & frémit au seul penser d'un pere égorgeant ses propres enfans ; il est donc plus à croire, j'ajouterai même pour l'honneur de l'humanité, qu'il est plus à souhaiter qu'un pere ait péri par l'erreur, à laquelle sont sujets tous les hommes, que pour un meurtre dont les Tigres ne sont point capables.

Que si la Loi pouvoit exercer seule son sacré ministere, les Jugemens seroient toujours aussi exacts, aussi parfaits que les Magistrats le desirent. Car Dieu lui-même, qui peut d'un souffle détruire le cours & l'harmonie des astres, ne peut changer l'ordre moral de l'univers, & a rendu immuables comme lui, les loix qu'il a données aux hommes. Si donc la Loi respiroit & parloit elle-même, les foiblesses, les illusions, les surprises, toutes ces vapeurs de la terre ne s'éleveroient point jusqu'à elle. Mais elle n'arrive à nous que par l'organe de ses Ministres. Les respectables dépositaires de ses volontés sont des hommes : & bien que leurs intentions soient droites, leurs cœurs incorruptibles, leurs lumieres supérieures : telle est l'humiliante fatalité attachée à notre condition, que les plus sages d'entre les hommes se trompent, s'abusent, & font des fautes.

J'en atteste les mânes des Langlade, des Lebrun, des Baragnon, & de tant d'autres innocentes victimes de la foiblesse & des nuages de l'esprit humain.

Mais ce n'étoit point, dira-t-on, d'avoir étranglé leurs enfans que ces malheureux étoient accusés. Les crimes dont on les noircissoit, plus communs, plus ordinaires, rendoient l'illusion plus facile.

Cela est vrai : mais aussi ce n'étoit point un peuple fanatique qui les accusoit. Si donc les Accusateurs des Langlade leur prêtoient des crimes plus vraisemblables, la Ville où s'éleverent les Accusateurs des Calas, étoit aussi plus disposée à tout adopter. Car que ne croit un peuple dont s'est emparé l'enthousiasme ? L'erreur puisée dans le faux zele connoît-elle des bornes ? Le fanatisme rend tout incroyable, parce qu'en effet il rend tout possible. Et quels obstacles l'arrêteroient ? Quel frein supporteroit-il ? puisqu'il s'élance hors des régions de la nature. C'est à la voix de l'Eternel qu'il croit répondre. Ce sont les intérêts des Cieux qu'il croit venger. C'est une palme immortelle qu'il se propose. Tout est surnaturel dans ses causes ; tout est monstrueux dans ses effets. C'est au sein même de la Religion & des vertus qu'il va puiser ses crimes ; & c'est sur-tout ce qui le rend incurable & terrible. Le remors fait balancer un Criminel prêt à frapper : le fanatisme n'a de remors qu'à balancer. Il ne dit point comme le vil assassin : je commettrai le crime dans les ténèbres ; car je dois craindre l'œil des hommes. Il dit : je publierai mon meurtre devant mes Juges ; je m'en glorifierai sur l'échafaud : car je ne crains que l'œil de Dieu qui me l'ordonne. Semblable à ces malades furieux qui pour se jetter sur des phantômes gigantesques, rompent les liens qui les arrêtoient au seul lieu où l'intérêt de leur santé les place : le fanatisme, brisant de même tous les nœuds qui retiennent dans l'ordre, frappe, renverse, immole tout pour arriver au but céleste où il croit tendre.

Voilà les effrayans excès que le fanatisme imputoit aux Calas, parce que le fanatisme eût été seul capable de s'y livrer. C'est ce superstitieux délire qui forma & répandit les nuages, qui étouffa toutes lumieres, qui sçut, à la faveur de ses ombres, surprendre la religion des Juges.

Qu'on se retrace l'impulsion & l'activité que donna aux esprits ce Monitoire qui peignoit les Calas, *tenant conseil pour étrangler Marc-Antoine, & le faisant mettre à genoux pour exécuter cette délibération exécrable.*

Qu'on se rappelle avec quelle rapidité ce toxin sonné contre eux dans nos Eglises, fit éclater la prévention & les fureurs du peuple.

Qu'on se retrace les innombrables fautes des premiers Juges, produites d'abord par le faux zele, puis par la honte de s'en dédire. Car tel est l'homme que l'exercice de ses devoirs tient souvent plus à l'amour-propre qu'à la vertu. Cette vérité est humiliante ; mais il l'a fallu dire, parce que toute vérité doit être dite pour venger une si grande erreur.

Qu'on se retrace cette illicite & fastueuse inhumation, cette palme, ce Cenotaphe, & tant d'autres tableaux que j'ai eu tant de douleur à présenter. Ce fut cette illusion générale qui prépara malheureusement le piége, que, malgré leur sagesse, une partie des Juges n'évita point. Car l'injustice ne souilla point leur ame ; ce fut cette nuit épaisse, que le fanatisme avoit répandue sur la Ville, qui leur couvrit les dangereux écueils où ils tomberent.

Mais il me semble entendre un Censeur m'arrêter & me dire : ces imputations de fanatisme que vous faites à la populace de Toulouse, sont des fictions créées pour la Cause. Le fanatisme est un ancien mal dont le germe est desséché parmi nous. Ces excès ont passé. Il y a long-tems qu'on est revenu du prestige. Et par vos injustes reproches vous outragez ce siecle de lumiere.

Mais vous qui le prétendez ainsi, répondez. Dites-moi de quel nom vous appellerez ce forfait dont le peuple chargeoit les Calas ? Un pere, une mere & un frere ont été accusés d'avoir mis à mort leur enfant, pour le punir du dessein d'abjurer. Quel nom encore une fois donnerez-vous à ce crime ? Me nierez-vous que ce ne soit-là de tous les fanatismes le plus terrible ? Il est donc trop vrai qu'il en existe nécessairement un dans cette horrible affaire, soit de la part des pere & mere, s'ils ont étranglé leur fils, soit de la part du peuple, s'il a, par ses extravagantes calomnies, formé ces prétendus indices, qui ont porté le plus tendre des peres sur la roue.

Or duquel des deux côtés le chercherons-nous ? Est-ce dans le cœur d'un pere ? Est-ce ce fanatisme le moins vraisemblable, le plus rare ; celui plûtôt dont on n'a point d'exemples ; celui enfin dont la fausseté est évidemment établie ? Est-ce celui-là qu'il faut admettre de préférence à ce fanatisme populaire, le plus ordinaire, le plus concevable, & pour tout dire, si bien prouvé ?

Ah ! si Calas eût étranglé son fils, ce fanatique auroit-il protesté jusqu'au dernier soupir qu'il n'en étoit point le bourreau ? N'eût-ce pas été plûtôt sur l'échafaud que, déployant tout son enthousiasme & sa joie, il eût fait vanité de son meurtre ? Eût-il voulu, échouant au port, perdre, par un mensonge impie, cette couronne d'immortelle gloire qu'il croyoit dûe à son forfait ?

Mais si ce n'est pas le cœur de Calas que le fanatisme enflamma, c'est donc celui du peuple. Eh ! de quel peuple ? Son zele outré fut reconnu dans tous les tems. Ouvrirai-je les fastes de l'histoire ? Avec quelle ostentation Toulouse s'y glorifie d'avoir, plus que toute autre Ville, des Loix de sang contre l'hérésie ! A Dieu ne plaise que j'applaudisse au mêlange des Dogmes ! Mon attachement à la Foi où j'ai eu le bonheur de naître, m'éloigne de ces pensées. Mais je sçais que la plus belle des vertus qu'enseigne aux hommes une Religion, établie elle-même sur la terre par la douceur & la patience : c'est la charité, c'est l'amour pour nos semblables, qui sont nos freres. D'ailleurs ce n'est point aux Pontifes qui exercent sur nos consciences l'autorité divine, que je m'adresse. C'est à des Magistrats Civils, qui, occupés des actions & des faits, embrassent d'un coup-d'œil tout ce que des inquiétudes publiques retrancheroient à la tranquillité, des émigrations à la force, des injustices à la gloire de ce Royaume.

Non alibi, dit M. de Gramont, Président au Parlement de Toulouse, Hist. Gall. lib. 30. *in hæreses armantur severius leges, & cum Calvinistis fides publica edicto nannetico debeatur qua mutuo nec timur habendis simul commerciis & una administrandis rebus numquam se Tolosæ credidere sectariis, quo fit ut una inter Galliæ urbes immunis sit hæretica labe, nemine in civem admisso cujus suspecta sit apstolica fides.* Rappellerai-je encore ce massacre de Protestans, célébré tous les ans dans Toulouse par une fête, qui pour le malheur des Calas, se rencontra dans les jours de leur sanglante catastrophe ? Tirons le voile sur ces tristes objets. Supprimons les réflexions & les faits. Ne touchons point à des maux que la France voudroit oublier. Bornons-nous à parler de ceux que nous nous efforçons d'adoucir. Et puisque la défense des infortunés Calas est complette, il ne nous reste qu'à conjurer le Prince & son Conseil au nom de la vérité exposée sous leurs yeux, de prononcer un Arrêt solemnel qui réhabilite avec éclat la mémoire d'un pere innocent, & rende l'honneur à ses malheureux fils.

Et qu'on ne fasse point aux Magistrats l'injure de dire qu'ils craignent de voir réformer leurs erreurs. Ces sortes de craintes ne sont connues que des ames vulgaires, parce qu'elles ignorent où réside la véritable gloire. Pour eux, qui la méritent d'autant plus qu'ils mettent le devoir avant elle, ils ont l'ame trop élevée & trop pure, pour ne pas desirer les premiers que l'on répare ce qui peut se réparer des maux que l'illusion a faits. Leur équité n'est pas toujours à l'abri des surprises, elle est toujours inaccessible à ces retours personnels, qui les dégraderoient. C'est cette grandeur d'ame qui fait & l'essence & l'honneur de la Magistrature. C'est-là sur-tout ce qui lui assure nos respects. Car ce n'est point comme infaillible qu'elle obtient notre vénération, puisque le don d'infaillibilité ne fut jamais l'apanage des hommes : c'est parce que la vérité & l'ordre sont toujours, quels que soient ses Arrêts, l'objet de son amour & de ses veilles. Ensorte qu'elle demeure toujours juste, même dans ces momens si rares d'égarement involontaire.

Enfin notre ministere est rempli. Car ce n'est point à nous qu'il appartient d'étendre au-delà nos pensées. Mais si l'Auguste Prince qui nous gouverne, porte plus loin ses vûes ; s'il écoute les mouvemens généreux de son cœur ; s'il reconnoît qu'il importe à sa Justice & à sa bienveillance d'anéantir une fête sinistre, qui, consacrant des idées de carnage, entretient le faux zèle, nourrit les haines ; s'il détruit dans Toulouse cet aliment de division & d'inhumanité ; & qu'il veuille que l'abolition de la fête devienne une époque honorable pour la mémoire de celui dont elle a augmenté les desastres : respectueux Admirateur de la sagesse & des lumieres de notre Roi, je publierai d'avance ce qu'un jour répétera l'Histoire dans ses monumens éternels. « LOUIS XV. vé-
» ritablement digne du précieux titre de BIEN-
» AIMÉ, qu'il a puisé dans le cœur de ses peu-
» ples, est leur bienfaiteur & leur pere. Dans les
» mêmes jours où il appaisoit les troubles & les
» dissensions du dehors, en donnant la Paix au
» Royaume, il n'a pas dédaigné de délivrer une
» de ses Villes d'un levain de discorde qui fermen-
» toit depuis deux siecles dans son sein. Par le re-
» tour desiré de la Paix, il arrête les flots de sang
» qui couloient dans les Armées. Par l'extinction
» d'une fête homicide, il daigne rendre une justice
» paternelle au sang qui a coulé sur l'échafaud. Et
» ce second bienfait n'est pas indigne d'être placé
» auprès de l'autre dans nos Annales, puisque le
» sang d'un seul, injustement versé par l'erreur,
» est une tache dans un Etat, tant que la mé-
» moire de l'innocent n'est pas vengée ; au lieu
» que, si la guerre est un fléau du Ciel, du moins

» le sang que nous versons pour la défense & le
» service du Prince, fait notre gloire.

Me LOYSEAU DE MAULEON, Avocat.

***

De l'Imprimerie de LE BRETON, Imprimeur
ordinaire du ROI. 1762.

www.ingramcontent.com/pod-product-compliance
Lightning Source LLC
LaVergne TN
LVHW021719080426
835510LV00010B/1047